Kirsten Homuth

Ernährungsumstellung – eine Chance für mein hyperaktives Kind

Kirsten Homuth

Ernährungsumstellung – eine Chance für mein

Kirsten Homuth

**Ernährungsumstellung
– eine Chance für mein hyperaktives Kind**

Ein Erfahrungsbericht

pala
verlag

© pala-verlag, Darmstadt, 1999

ISBN: 3-89566-142-2

Umschlagillustrationen: Daniel Homuth
Umschlaggestaltung: Michaela Mainx

Hintergrundinformationen: Barbara Reis, Dipl. oec. troph.
in Zusammenarbeit mit dem Institut für Umweltkrankheiten,
Bad Emstal, Katja Böcher, Dipl. oec. troph., K.-D. Runow, Arzt

Druck und Bindung: freiburger graphische betriebe
Printed in Germany

Dieses Buch ist auf Papier aus 100 % Recyclingmaterial gedruckt

Wichtiger Hinweis:
Alle in diesem Buch enthaltenen Ratschläge und Rezepte sind von der Autorin und dem Verlag sorgfältig ausgewählt und überprüft worden.
Dennoch muß jegliche Haftung für die Vorschläge und Rezepte seitens der Autorin oder des Verlags für Sach- oder Personenschäden ausgeschlossen werden.
Das Buch kann die Beratung durch Ärzte oder Heilpraktiker nicht ersetzen. Im Zweifelsfall und bei ernsten Erkrankungen sollte immer der Rat von qualifizierten Personen eingeholt werden.

Inhaltsverzeichnis

In eigener Sache 7

Vorwort 11

Kleine Tyrannen 13

Daniel 21

Die Rotationsdiät 110

Ergebnis der Ernährungsumstellung 124

Wie es weitergeht 131

Rezepte 140

Die Autorin 151

Anhang: Hintergrundinformationen zum Erfahrungsbericht ... 152

Weiterführende Literatur 171

Zu diesem Buch

Hyperaktive Kinder sind eine Herausforderung. Sie passen in keine Schublade und können alle »schaffen« – Eltern, Erzieher und Lehrer ebenso wie Psychologen, Kinderärzte oder Therapeuten. Manchmal rufen sie ohnmächtige Wut, ein anderes Mal Mitleid hervor, und ihre liebenswerten Seiten drohen bei allem Ärger in Vergessenheit zu geraten. Durch ihr unkontrollierbares Verhalten fallen sie überall auf. Betroffene Mütter und Väter, und oft auch die Kinder selbst, wünschen sich dabei nichts mehr, als ein normales Leben zu führen.

Das hyperkinetische Syndrom gilt heute als die häufigste psychische Störung im Kindesalter. Nach vorsichtigen Schätzungen sind fünf Prozent aller Schulkinder davon betroffen.

Erfahrungen aus der Praxis zeigen, daß viele hyperaktive Kinder sehr intelligent sind. Dennoch kann ihnen aufgrund ihrer Verhaltensauffälligkeiten die Einweisung in die Sonderschule drohen. Sie sind oft sozial isoliert und im Extremfall für den Rest ihres Lebens stigmatisiert. Darin liegt, neben dem Leidensdruck der Familien, die besondere Tragik dieser Gesundheitsstörung.

Die Behandlung verlangt von den Eltern ein hohes Maß an Eigeninitiative. Nicht selten beginnt mit der Diagnose »Hyperaktivität« für Kind und Eltern eine Odyssee durch Arzt- und Psychotherapeutenpraxen oder Erziehungsberatungsstellen.

Die in diesem Buch erzählten Erfahrungen der Familie Homuth spiegeln dies auf eindringliche Weise wider. Es handelt sich dabei um einen subjektiven Bericht, der Erfolge und Mißerfolge, Hoffnungen und Rückschläge schildert.

Das Buch kann und will keine Anleitung zur Selbsthilfe sein. Von jeglicher Eigendiagnose oder Eigentherapie wird dringend abgeraten, eine sinnvolle Behandlung ist nur durch geschulte und erfahrene Ärzte oder Therapeuten in Zusammenarbeit mit Ernährungswissenschaftlern möglich.

In eigener Sache

Dieses Buch ist entstanden für meinen Sohn Daniel, der zum jetzigen Zeitpunkt sieben Jahre alt ist – aus dem tiefen Bedürfnis heraus, mich ihm zu öffnen und auch meine verschiedensten Verhaltensweisen zu erklären. Natürlich wird er es erst später lesen können und noch viel später verstehen. So hoffe ich.

Auch möchte ich es nicht versäumen, mich bei all denen zu bedanken, die uns zu jeder Zeit all ihre Unterstützung und Hilfe geben. Ohne diese helfenden Hände, die uns gereicht werden, ohne diese Möglichkeit, uns dort festzuhalten, wären wir vielleicht so manches Mal verzweifelt. Auch finden wir stets überall offene Ohren und Verständnis. In dieser Hinsicht ging es uns immer gut. Zu nennen wären da:

Meine Mutter: Danke für die vielen Gespräche und für die vielen Sorgen, die Du Dir um uns machst, die es Dir oft nicht ermöglichen, Dein eigenes Leben zu leben.

Meine Schwiegereltern: Auch Euch danke für die vielen Gespräche, für Eure tatkräftige Unterstützung in jeder Hinsicht und daß Ihr uns immer zur Seite steht.

Meine Patentante: Danke für so manchen Tip, den Du uns gegeben hast. Danke für Dein leckeres Brot! ... für Deine ständige Bereitschaft.

Meine Tante und ihr Mann: Danke für Euer Bemühen und Euer Verständnis.

Meine Freundin Brigitte: Hab Dank für Deine Geduld, Deine Hilfe, mich immer wieder zu motivieren. Auch dafür, daß Du mir meine Fehler deutlich machst.

Für alle gilt: Danke für die Unterstützung und Eure Begleitung!

Und, last but not least, möchte ich mich bei Dir bedanken, mein lieber Mann. Für Deine Ruhe und Deine Ausgeglichenheit, die mich zwar gelegentlich auf die Palme bringen, doch in Wahrheit meine große Stütze sind. Ich wünschte, ich hätte ein klein wenig von Deiner inneren Ruhe, die es Dir ermöglicht, eine Nische zu schaffen für Dein eigenes Seelenheil. Danke für die vielen schweigsamen Momente, die ein wortloses Verstehen zum Ausdruck bringen. Auch eine gewisse Hilflosigkeit oder Ohnmacht. Ich liebe Dich! Du hast es oft nicht leicht mit mir, und ich mache es Dir sicher so manches Mal schwer, mich zu lieben. Doch wünsche ich mir für mich, daß Deine Liebe zu mir niemals aufhört.

Auch ein Dank an unseren Hund Struppi, der mich jeden Tag »zwingt« spazierenzugehen. An die frische Luft, in Ruhe ... und der mir damit jedesmal die Möglichkeit gibt, meinen Gedanken nachzuhängen, neue Ideen und auch Kraft zu finden.

K. Homuth

März 1999, Kirsten Homuth

*Denn wir können die Kinder nach
unserem Sinne nicht formen;*

*So wie Gott sie uns gab,
so muß man sie haben und lieben,*

*Sie erziehen aufs beste und jeglichen lassen gewähren,
denn der eine hat die, die anderen andere Gaben.*

Johann Wolfgang von Goethe
Hermann und Dorothea

Vorwort

Nach einer Odyssee durch viele Arztpraxen und Institutionen, nach vielen Untersuchungen und Gesprächen wurde unser Sohn als »hyperaktiv« diagnostiziert. Die genaue Diagnose lautete »Aufmerksamkeits-Defizit-Syndrom mit hyperkinetischer Komponente«. Hinter diesem kurzen, rationalen Befund verbergen sich jedoch eine Menge Schwierigkeiten und Probleme, die nur nachempfinden kann, wer wirklich davon betroffen ist.

Nachdem ich mich näher mit dieser Thematik beschäftigt hatte, lernte ich, zu unseren Problemen und vor allen Dingen zu meinem Kind zu stehen. Ganz gleich, wieviele abschätzende Blicke uns trafen oder welch »wohlgemeinte« Erziehungsratschläge ich erhielt. Es hat gedauert, bis ich mich nicht jedesmal schämte, wenn mein Sohn durch seine Verhaltensauffälligkeiten die gesamte Aufmerksamkeit anderer Leute auf uns zog oder wir fluchtartig das Gelände verlassen mußten, weil sein Benehmen einen Punkt erreicht hatte, der zeitweise jeder Beschreibung spottete.

Ich lernte, mich nicht auf andere zu verlassen und kritisch zu sein, auch gegenüber Ärzten und Institutionen; jetzt bin ich in der Lage, mich über Kleinigkeiten zu freuen. Meine Gedanken haben an Oberflächlichkeit verloren, sie sind viel tiefgreifender geworden. Im Umgang mit Menschen und Situationen bin ich zu viel mehr Verständnis gekommen und be- oder verurteile heute Dinge nicht mehr nur nach ihrem Erscheinungsbild. So kann ich sagen, daß das Leben für mich insgesamt an Tiefe gewonnen hat. Alles hat plötzlich wirklich zwei Seiten.

Deshalb bin ich zu der Auffassung gekommen, daß man nur gewinnen kann, wenn man sich für keine Mühe zu schade ist, auch wenn das erhoffte Ziel nicht in dem Maß erreicht wurde, wie es wünschenswert gewesen wäre. Es sind die kleinen Dinge, die einen am Ende als Sieger dastehen lassen. Ich habe die Möglichkeit bekommen, ganz dicht mit meinem Kind zusammenzurücken und kann sagen, daß wir eine ganz besondere Beziehung zueinander haben. Darauf bin ich stolz, und dafür lohnt es sich zu kämpfen.

Ich wünsche jedem, seinen Weg zu finden und die Kraft, ihn zu gehen, auch wenn der Wind von vorne weht. Der dunkelste Tunnel, der so finster erscheint, hat Löcher, durch die Licht einfallen kann. Man muß nur seine Augen heben und aufmerksam sein.

Kleine Tyrannen

... Sie sind unruhig, laut, impulsiv, haben eine kurze Aufmerksamkeitsspanne und zeichnen sich durch ein hohes Maß an Ungeduld aus. Ständig reden sie dazwischen und können sich nicht länger als einige Minuten mit einer Sache beschäftigen. Stets fordern sie die uneingeschränkte Beachtung ihrer Person, ohne scheinbar selbst jedoch in irgendeiner Form Rücksicht auf ihre Umwelt und auf ihre Mitmenschen zu nehmen. Sie können ihre Kräfte nicht richtig dosieren und haben es meist selbst am liebsten, wenn man sie etwas härter anfaßt. Zudem scheinen sie relativ schmerzunempfindlich zu sein. Ihre Bewegungen sind fahrig, und daraus resultieren immer wieder größere oder kleinere Mißgeschicke bis hin zu Unfällen. Es fällt ihnen schwer, Gefahren richtig einzuschätzen, sie stören die Gemeinschaft und besitzen wenig Gruppentauglichkeit. Diese Kinder sind ungeschickt in ihren Bewegungen und erwecken so den Eindruck eines Trampeltiers. Schon als Baby machen sie den Eindruck eines unzufriedenen kleinen Tyrannen, der sein einziges Vergnügen darin findet, seine Familie (sein erstes »Betätigungsfeld«) zu terrorisieren. Sie schreien, spucken, toben, nichts ist vor ihnen sicher. Sie wollen mit dem Kopf durch die Wand, hier und jetzt, handeln, ohne zu überlegen, ohne Rücksicht auf Verluste und hinterlassen oft Chaos und Erstaunen, auch Hilflosigkeit. Wie ein Tornado, der alles verwüstet. Sie sind der sprichwörtliche Elefant im Porzellanladen.

Die Rede ist von hyperaktiven Kindern. Häufig vermeiden Eltern hyperaktiver Kinder es, zu irgendwelchen Terminen oder Einladungen mit ihrem Sproß zu erscheinen, denn dort erwarten sie unverständliche Blicke oder wenig hilfreiche Erziehungsratschläge anderer, die meist dahin gehen, dieses ungeratene Balg doch übers Knie zu legen, so wie man es früher getan hätte. Es finden sich immer wieder Leute, die der Meinung sind, mit Schlägen sei diesen Kindern »geholfen«.

Gerne wird in diesem Zusammenhang an den allerorts bekannten Zappelphilipp erinnert. Oder an den bitterbösen Friederich, den Hans-Guck-in-die-Luft und an Paulinchen mit ihrer Leidenschaft fürs »Zündeln«. Auch der Suppenkasper steht in diesem Vergleich nicht nach. 1845 schrieb der Arzt Dr. Heinrich Hoffmann in seinem »Struwwelpeter« von all diesen verhaltensgestörten Kindern, die es demnach schon früher gab, doch deren Auffälligkeiten seinerzeit mit harten Maßnahmen begegnet wurden.

Hyperaktive Kinder verstehen

Bei den beschriebenen Kindern handelt es sich im Grunde um eher bedauernswerte Geschöpfe. Stellen Sie sich vor, Sie wären ein solches »mißratenes« Kind!

Wie würden Sie sich fühlen, wenn Sie den Eindruck hätten, daß die anderen Sie lieber »von hinten« sehen und froh sind, wenn Sie wieder gehen? Wenn manche Dinge zur Schwierigkeit werden, die für andere offensichtlich keinerlei Anstrengung bedeuten? Wenn Ihnen die einfachsten Dinge nicht gelingen wollen? Wenn Versuche, Zuneigung zu zeigen, meistens falsch interpretiert werden, nur weil sich Liebesbeweise in unsanften Berührungen äußern?

Sie würden das Gefühl haben, daß die anderen Kinder irgendwie liebenswerter zu sein scheinen, passender, mehr angenommen, charmanter. Dieses Gefühl hätten Sie, weil Sie das ganze Jahr über, tagein, tagaus, wieder und wieder von Klassenkameraden, Eltern, Lehrern, Erzieherinnen, ja Ihrem gesamten Umfeld zu hören bekommen, was Sie falsch machen, wie laut Sie reden, die Gemeinschaft stören usw. Was würden Sie wohl empfinden, wenn sogar der Hund jedesmal freiwillig mit gesenktem Kopf das Zimmer verläßt, sobald Sie in Erscheinung treten?

Was würden Sie tun, wenn Sie ein solches Kind wären? Wie würden Sie sich fühlen? Ungeliebt, ungeschickt, ungewollt und ebenso unerträglich! Wie könnte da auch nur ein Funken Selbstvertrauen und Selbstbewußtsein aufkommen? Wie sollte sich das Gefühl in Ihnen breitmachen, trotz all Ihrer Fehler dennoch geliebt zu werden? Würden Sie das glauben können? Wohl kaum ...

Was spielt sich in den Köpfen der Kinder ab, wenn zum Beispiel am Abend beim Zubettgehen die Mutter sagt: »Ich hab Dich lieb!«?

An einem Abend vielleicht, dem ein absolut chaotischer Tag voranging, ein Tag voller Zurechtweisungen, Mißgeschicken, Ermahnungen? Sicher ist das Bedürfnis, den Liebesschwur zu glauben, groß, doch steht dem auch Mißtrauen gegenüber. Denn diese Kinder merken oft selbst, wie schwierig sie sind. Sie sind sich dessen durchaus bewußt, doch ist es ihnen absolut nicht möglich, dagegen anzugehen. Ja, sie empfinden sich zeitweise sogar selbst als unerträglich. Es ist keine Seltenheit, daß sie sogar Todessehnsüchte entwickeln. Ich spreche hier aus eigenen Erfahrungen. Mein Sohn hat zweimal seinen Tod gewünscht! Man muß sich dies mit aller Deutlichkeit vor Augen führen. Es ist wohl das Schrecklichste für eine Mutter, solch düstere Worte aus dem Mund ihres Kindes zu hören! Das verdeutlicht doch allzu gut, daß sich »Hypies« in ihrer eigenen Haut nicht wohlfühlen!

Das Gehirn dieser Kinder kann Eindrücke, Reize und Empfindungen nicht ordnen, und so kommen alle Erlebnisse und Erfahrungen unsortiert an. Die Kinder sind nicht in der Lage zu unterscheiden, Prioritäten zu setzen. Für sie ist die Fliege an der Wand gleichwertig mit dem, was der Lehrer erzählt. Wahrnehmungen sind blockiert oder werden nicht richtig zugeordnet. Bewegungsabläufe werden nicht oder nur unzureichend koordiniert. Man kann sich also lebhaft vorstellen, in welchem chaotischen Zustand sich diese Kinder befinden und unter welchem Leidensdruck sie stehen. Denn sie alle wünschen sich nichts sehnlicher, als so zu sein wie all die anderen Kinder, die so mühelos und unbeschwert durchs Leben gehen. Aus dieser Situation heraus ergeben sich für diese Kinder im Alltag sehr große Probleme, die sie zu bewältigen haben, ohne für ihre Ursache Schuld zu tragen. Wie auch immer die wörtliche Diagnose lautet, die Verhaltensauffälligkeiten zwingen die Betroffenen und ihre Familien zu einem ständigen Kampf, den Tag mit einem möglichst geringen Maß an Beschwerden von außen zu überstehen. Diskussionen und Versuche, zu vermitteln, auch innerhalb der Familie, sind an der Tagesordnung. Ich möchte alle Nichtbetroffenen bitten, sich vorzustellen, sie wären ein Elternteil eines solchen Kindes. Kommt Ihnen da nicht auch der Gedanke, daß zu den sowieso schon großen Problemen im Zusammenleben mit einem Hyperkinetiker und auf der Suche nach Therapien, die hilfreich sein könnten, auch noch die Ängste vor den Reaktionen der Umwelt auf Ihnen lasten würden? Daß Sie auch noch viel Kraft brauchen, Ihrer Familie den Rücken freizuhalten und zu Ihrem Kind zu stehen, auch wenn Sie selbst vielleicht gerade mal einen Tiefpunkt haben?

Nicht alle wilden Kinder sind hyperaktiv

Es ist aber nicht etwa so, daß alle lebhaften, wilden und vielleicht auch manchmal chaotischen Kinder an dem hyperkinetischen Syndrom leiden. Die »echten« Hyperkinetiker unterscheiden sich in manchmal kleinen, für Eltern oft schwer erkennbaren Merkmalen von den einfach nur lebhaften Kindern dadurch, daß sie sich nie im Rahmen halten können. Sie erkennen Grenzen nicht und sind zu keiner Einsicht fähig. Oder besser: Einsicht ja, aber keine Möglichkeit, diese Einsicht in ihr Verhalten zu übernehmen. Sie wollen, aber sie können nicht. Es ist, als ob ihr ganzer Körper inklusive Gehirn mit ihnen macht, was sie wollen. Sie sind der personifizierte Vorgang ihres Körpers. Das gerade macht diesen Kindern ihre Situation auch auf schändliche Weise deutlich. Sie können auf Erziehungsmaßnahmen nicht in der Weise reagieren, wie sie es selbst vielleicht gerne wollen. Sie sind wie gesteuert von einer unsichtbaren »Macht«.

Es ist aber auch schnell passiert, daß man sein Kind als »hyperaktiv« einschätzt und es das eigentlich gar nicht ist. Die Eltern sind eventuell beide berufstätig, die Familie wohnt auf engem Raum, das Kind muß auf Nachbarn und andere Rücksicht nehmen, und so haben heute viele Kinder gar nicht die Möglichkeit, ihrem Bewegungsdrang ausreichend freien Lauf zu geben. Die Eltern kommen kaputt von der Arbeit, oder die Nachbarn registrieren jedes lautere Geräusch und reagieren mit Beschwerden. All das sind Dinge, die schnell dazu verleiten anzunehmen, das Kind sei hyperaktiv, dabei sind es vielleicht ganz kindgerechte Verhaltensweisen.

»Normale Wilde« können, wenn es die Situation erfordert, ihre Aktivitäten einschränken, sie sitzen zum Beispiel konzentriert und ruhig beim Geschichtenvorlesen (ruhig heißt hier altersentsprechend ruhig), die Bilder, die sie malen, sind altersentsprechend und gleichen nicht etwa dem Chaos eines hyperaktiven Kindes. Sie erkennen Grenzen und sind in der Lage, ihr Handeln zu kontrollieren. Sie handeln weniger impulsiv und lernen aus Fehlern.

Hyperaktive sind oft schon im Säuglingsalter auffallend, haben zum Beispiel starke Blähungen, wenig Schlaf, mögen es nicht, wenn man sie auf den Arm nimmt, schreien häufig, leiden oft auch unter Milchschorf und Bronchitis. Später dann, als Krabbelkind, sind sie ziellos, planlos, unruhig und auch aggressiv. Sie fangen alles an, bringen jedoch nichts zu Ende und sind nicht in der Lage, sich länger mit einem Spiel zu beschäftigen. Sie sind nicht bei der Sache. Dinge zu erlernen, die Konzentration erfordern, ist ihnen nicht möglich, und so entsteht im Laufe der Zeit eine Lücke zu ihren Alterskameraden. Man kann sagen, es fehlt später an einem Fundament. Denn viele Dinge, die der Mensch im Baby-/Kleinkindalter lernt, sind Grundlage für alle weiteren Fähigkeiten. Da aber diese Kinder dieses Fundament nur mangelhaft errichten können, ist später ein Zusammenbruch ihres »Hauses« (das heißt ihrer Fähigkeiten) vorprogrammiert. Doch das später zu erkennen, ist oft schwierig (deshalb wird auch häufig die Diagnose erst spät gestellt), denn die Kinder haben gelernt, mit der Art, wie sie Dinge aufnehmen, umzugehen beziehungsweise den Eindruck zu erwecken, sie unterschieden sich nicht von anderen. Denn durch ihre Intelligenz finden sie Mittel und Wege. Man muß das verstehen: Sie befinden sich in einem Zugzwang, da sie sich ja in ihrem Umfeld behaupten müssen. So lernen sie zum Beispiel viele Dinge einfach auswendig, ohne die Schritte logisch nachvollziehen zu können. Daniel zum Beispiel ließ uns lange in dem Glauben, rechnen zu können. Er hatte heimlich Zahlen auf einem Taschenrechner eingetippt und auswendig gelernt. Zunächst fiel uns das nicht auf, doch dann kamen Aufgaben, die er nicht »abgespeichert« hatte, er geriet ins Schwimmen, denn logisch hatte er diese Aufgaben nicht vollzogen, sein »Haus« brach zusammen ...

Symptome für Hyperaktivität

Ich will versuchen, einige Symptome für die Hyperaktivität aufzuzeigen, die aber nicht immer alle gleichzeitig und vor allem nicht immer in der gleichen Konstellation vorliegen:

Unkonzentriert, planlos, impulsiv, aggressiv, übererregbar, leicht abzulenken, lerngestört, auch düster in Phantasien, verstärktes Interesse für Monster und alle dunklen Mächte, manchmal sogar Todessehnsucht, zeitweise depressiv, sie hängen ständig an der Mutter, so daß diese oft die menschlichsten Dinge nur in Begleitung ihres Kindes erledigen kann (Gang zur Toilette zum Beispiel); entweder realisieren sie Schmerzen oder Verletzungen gar nicht, oder sie sind überschmerzempfindlich, kein Körperkontakt, grob, häufige Mittelohrentzündungen, Einnässen, Einschlafprobleme, Ringe unter den Augen, blaß, oft auch von schlanker Gestalt, übermäßiges Schwitzen, übermäßiger Durst, Durchfall oder Verstopfung, reagieren bei Fieber oft mit normalisiertem Verhalten, reagieren auf Antibiotika oder Hustensäfte mit verstärktem Verhalten.

Den richtigen Weg finden

Über die Ursachen der Hyperaktivität gibt es viele Meinungen. In Betracht gezogen werden unter anderem Sauerstoffmangel während der Schwangerschaft oder der Geburt, Stoffwechselstörungen, Nahrungsmittelunverträglichkeiten, gestörtes Darmmilieu durch Pilzbefall, Umweltbelastungen, soziale Einflüsse wie etwa Scheidung der Eltern oder fehlende Nestwärme, zu hohe Leistungsanforderungen, erbliche Faktoren.

Ich schreibe in meinem Buch über ganz persönliche Erfahrungen und Erlebnisse, die teilweise von den Ansichten der Schulmedizin abweichen. Ein Verdacht auf Hyperaktivität sollte unbedingt von einem Arzt oder einem geschulten Therapeuten bestätigt werden; ebenso die Behandlung. Häufig werden Medikamente in Form vom Stimulanzien (Aufputschmittel) empfohlen. Psychopharmaka sollten jedoch meiner Meinung nach als letzte Alternative gesehen werden. Vorher sollten immer eventuelle Nahrungsmittelunverträglichkeiten oder Defizite im Vitamin- oder Spurenelementehaushalt, soziale Einflüsse, chemische Einflüsse in der Wohnung oder im sonstigen Umfeld und eventuelle toxische Belastungen abgeklärt werden. Auch ein Pilzbefall kann eine Ursache sein oder aber das Krankheitsbild verstärken. Wichtig ist vor allem Geduld, und nur wenn letztendlich alles gar nichts brachte und eine eventuelle Nahrungsumstellung nur als zusätzliche Belastung wirkt (aber bitte auch die möglichen kleineren Erfolge nicht außer acht lassen!), erst dann sollte auf die medizinische Alternative zurückgegriffen werden. Ein Umweltmediziner ist nach unserer Erfahrung bei der Suche nach den Ursachen am hilfreichsten, da er das Krankheitsbild auch auf verschiedene äußere Einflüsse untersucht und mit Erkrankungen durch Schadstoffe und ähnliches bestens vertraut ist. Auch Heilpraktiker können Sie auf Ihrem Weg unterstützen.

An die betroffenen Eltern möchte ich weitergeben: Entscheiden Sie selbst, was Sie für Ihr Kind, Ihre Situation und die ganze Familie als richtig erachten, und fühlen Sie sich nicht verpflichtet, Medikamente geben zu *müssen*. Erst wenn der Leidensdruck zu groß ist und die Erfolge durch alternative Heilmethoden nicht sichtbar sind, sollten Sie sich auf dieses Terrain begeben. Aber vielleicht haben Sie auch noch eine Alternative übersehen? Überprüfen Sie nochmals Ihren Weg. Es betrifft Ihre Familie, und Sie haben das Recht, die Interessen Ihres Kindes aus dessen Sicht und aus Sicht der gesamten Familie zu vertreten.

Also: Es handelt sich bei Ihrem Kind, Enkel oder Nachbarskind vielleicht nicht »nur« um ein mißratenes, verzogenes Kind oder um Eltern, die es nicht verstehen, ein Kind zu erziehen. Ich wünsche mir mehr Verständnis für diese Familien in ihrer Umwelt, und ich möchte alle bitten, keine voreiligen Schlüsse zu ziehen, sollten sie einmal im Wartezimmer eines Arztes oder beim Metzger oder Bäcker einem Kind begegnen, das durch sein Verhalten weder zu überhören noch zu übersehen ist. Es ist vielleicht alles ganz anders, als Sie denken.

Für Daniel

Du zitterst?
Gib mir Deine Hand.
Hab keine Angst.
Ich liebe Dich.
Und auf Deinem Weg
bin ich bei Dir.
Du wirst meine Hand noch spüren,
wenn Du längst losgelassen.

Hab keine Angst.
Du bist so jung.
Sei ganz ruhig.

September 1996

Daniel

Ich schreibe hier, weil ich meinem Sohn so viel zu sagen habe. Er ist noch zu klein, um zu verstehen, doch vielleicht später einmal ... Es ist mir ein großes Bedürfnis, daß er um mich weiß. Ich trage es nun schon lange mit mir herum. Gedanken waren da, doch mir fehlten die Worte. Ich hatte keinen inneren Frieden, den ich mir für den Moment wünschte, in dem ich ihm schreibe. Nun will ich versuchen, so gut ich kann aus meinem Inneren zu sprechen.

Die Geburt

Mein Mann und ich, wir kannten uns nicht lange, da stand für uns fest: Wir bleiben zusammen. Wir wünschten uns ein Kind. Und als es soweit war, waren wir froh, auch wenn von außen so manche Befürchtungen geäußert wurden. Wir waren glücklich.

Lange haben wir nach einem Krankenhaus gesucht, in dem unser Baby geboren werden sollte. Warm sollte es sein, wohlig. Und freundlich sollte es sein. Ich wollte eine häusliche Atmosphäre, wenn unser erstes Kind zur Welt kommt. Ich stellte mir alles so schön vor. Die Woche im Krankenhaus. Der Besuch, der zu uns kommt. Die Freude, wenn wir nach Hause kommen. Alles war schön. Und dann, dann kam unser Sohn. Ganz hilflos und klein. Ganz abhängig von den Menschen, seinen Eltern, der Welt, die angeblich so schön ist. Ist es wirklich ein Segen, geboren zu werden?

Am 16. Juni 1991 war es soweit. Daniel hielt Einzug in diese Welt. Es sollte achtzehn Stunden dauern, und ich durfte in dieser Zeit all die Dinge erfahren, die eine Geburt erleichtern sollten. Vom warmen Bad in der Wanne bis über einen großen Ball, den ich zum Sitzen und darauf wippen bekam. Auch lief mein Mann mit mir treppauf, treppab oder wir gingen morgens um sechs Uhr im Park spazieren. Zu diesem Zeitpunkt hatte ich noch dreizehneinhalb Stunden vor mir, was ich zum Glück nicht wußte. Abends um sechs platzte dann endlich die Fruchtblase, und ich vernahm den Schrecken der Krankenschwester: »Das Fruchtwasser ist bereits grün! Die Herztöne gehen runter! Der Arzt soll kommen«. Der kam auch prompt und meinte, daß ein Kaiserschnitt wohl das Beste sei ... Mein Mann rannte zum nächsten Telefon, um die Daheimgebliebenen auf dem Laufenden zu halten. Als er zurückkam, war ich bereits im Kreißsaal, und man wollte unser Baby, wenn nötig, »mit Gewalt« holen. Im letzten Moment überlegte Daniel es sich doch noch anders und kam freiwillig auf die Welt. Lange hat er sich geziert. Es war zwar eng in meinem Bauch geworden, aber »raus« wollte er wohl auch nicht so recht. »Warten wir's ab!« hat er sich wohl gedacht, und als er merkte, es bleibt keine Zeit mehr, kam er ans Licht ...

Neues Leben
Komm her, Du kleiner Mensch
Ich will Dich beschützen
Dir helfen
Doch leben mußt Du selbst

Du gehörst mir nicht
Bist ein Teil von mir
Es ist schön zu wissen
Laß mich für Dich sein ...

Aus dem Nichts bist Du gekommen
Gehst irgendwann dorthin zurück
Dazwischen liegt Dein langes Leben
Nimm es und forme es
Du hast Geschick.

Hab keine Angst
Trau Dich ruhig.
Sei Du selbst, es wird Dir gelingen
Laß mich für Dich sein ...

Mein ganzes Leben!

11. März 1990

Sein Vater war stolz: ein Junge; und auch ich war froh, konnte doch jetzt eine schöne Zeit beginnen. Daniel schien gesund, alles war an ihm dran. Was sollte noch kommen? Heute denke ich, wir haben nicht viele Gedanken daran verschwendet, daß es auch anders sein könnte. Damals war ich mir sicher, mich ausreichend damit auseinandergesetzt zu haben. Heute weiß ich, daß das nicht so war. Man hat immer gut reden, wenn man gewisse Erfahrungen nicht selbst gemacht hat. Das konnten wir damals noch nicht wissen. Ich mache uns da keinen Vorwurf. Wie auch? Daniel war unser erstes Kind. Es ist nicht so, daß man »Eltern« wird, sobald das Kind geboren wird. Nein, mit dem Kind wächst auch das Elternsein. Ich liebte mein Kind sehr, und doch hatte ich Angst vor ihm. Es war mir fremd. Ich wußte nicht, es zu nehmen. Was tat ihm gut, was mochte Daniel nicht? Ich kannte ihn zu wenig, mußte ihn kennenlernen. Daß dies fast sechs Jahre dauern würde, hätte ich nie gedacht.

Nach der Geburt wurde ich gefragt, ob ich stillen wollte. Ich stand noch ganz unter den Einflüssen der Geburt und entschloß mich, warum auch immer, gegen das Stillen. So bekam ich Tabletten, um die Milchproduktion zu stoppen, und hatte damit auch keine Gelegenheit, meine Meinung noch zu ändern. Ich hatte Daniel nicht die ganze Zeit in meinem Zimmer, es gab kein »Rooming-in«. Ich habe nur geheult. Darüber war ich sehr entsetzt, denn ich hatte in keiner Weise mit so etwas gerechnet. Mit Wochenbettdepressionen hatte ich mich im Vorfeld nicht beschäftigt. Daß die Hormonveränderung nach einer Geburt zu solch drastischen Ergebnissen führen konnte, daran dachte ich nicht ... Wenn Daniel, nachdem er seine Flasche bekommen hatte, von der Schwester ins Zimmer gebracht wurde, fing er nach kurzer Zeit an zu weinen. Ich war gefordert, doch gelang es mir nicht, ihn zu beruhigen. Ich dachte, es läge an mir, und war hilflos. Keine zwei Tage hielt ich es im Krankenhaus aus.

Daniel kommt nach Hause
Ich war traurig und wußte nicht warum. Ich wollte heim, nur heim, um jeden Preis. Am Abend des ersten Tages nach der Geburt, um elf

Uhr, entschloß ich mich gegen den Willen der Ärzte, das Krankenhaus zu verlassen. Ich rief meinen Mann an, und er holte uns, völlig verständnislos, aus der Klinik ab. Es regnete in Strömen! Wir kamen zu Hause an, und ich ging mit dem Baby in sein Zimmer. Die Stimmung war gespannt. Eigentlich hatte ich es mir so schön vorgestellt, mit unserem Familienzuwachs nach Hause zu kommen ...

Ich setzte mich also auf einen Sessel und legte Daniel auf meinen Bauch. Er schrie. Genau wie im Krankenhaus. Ich wiegte ihn und sprach mit ihm. Doch ich konnte ihn auch hier nicht beruhigen. Daniel schrie die ganze Nacht! Ich machte mir viele Gedanken und fragte mich, ob das nun die gerechte Strafe dafür sei, ein Neugeborenes so unvermittelt aus seiner warmen Umgebung zu reißen, ins Auto zu steigen und durch dichten Verkehr zu fahren?

Noch in der Nacht rief ich meine Mutter an, und auch sie war entsetzt. Noch bevor ich ihr irgendetwas erklärte, wußte sie, daß wir zu Hause waren. Sie hatte es gespürt, sich so etwas gedacht ... Sie hielt sich mit Vorwürfen zurück und versprach, am nächsten Tag mit ihrem Chef zu sprechen und um eine Woche Urlaub zu bitten.

Es klappte! So war unsere Versorgung gewährleistet. Im Grunde hatte ich meine Sache für den Anfang nicht schlecht gemacht, doch ich war froh, jemanden an meiner Seite zu haben, der bereits Erfahrung hatte. Abends, wenn mein Mann von der Arbeit kam, ging meine Mutter nach Hause. Ich mußte eine Hebamme finden, die uns zu Hause betreute. Das hatte ich in der Nacht unseres fluchtartigen Verlassens im Krankenhaus versprochen. Es war schwierig, so kurzfristig eine Hebamme zu finden, doch auch hier hatten wir Glück. Während unserer ersten Woche bekam Daniel eine leichte Gelbsucht, die sich aber von selbst wieder legte.

Wir haben viel fotografiert und gefilmt, wie das wohl viele »frischgebackene« Eltern tun, und es kam Besuch zu uns nach Hause anstatt ins Krankenhaus.

Ein unruhiges Baby

Dann hatte mein Mann Urlaub – Daniel war gerade zwei Wochen alt – und wir drei fuhren zu einem Besuch zu den Eltern meines Mannes, die fast 500 km entfernt wohnten. Wir fanden das damals völlig richtig. Auch hatten wir nach »südländischer Manier« vor, unser Kind überall hin mitzunehmen. Wir wollten nichts wissen von den alten Weisheiten: »Ein Kind braucht seine Ruhe und Ordnung!«. Das war früher einmal, so glaubten wir: Wir waren modern, für uns galt das nicht.

Meine Schwiegereltern waren natürlich sehr entzückt und erfreut und hatten eigentlich wohl nicht so recht damit gerechnet, ihren ersten Enkelsohn so bald in die Arme schließen zu können. Nun, es waren zwei schöne Wochen. Alles war neu, wir waren so stolz und konnten es nicht fassen, das Wunder des Menschwerdens. Wir bemerkten zwar Daniels Unzufriedenheit und seine Unausgeglichenheit, doch daß dies in irgendeiner Weise »nicht normal« war, konnten wir nicht wissen. Ein solcher Gedanke kam uns nicht einmal ansatzweise. Daniel schrie viel, war ständig in Bewegung.

Daniels Urgroßmutter war zu diesem Zeitpunkt 85 Jahre alt und hatte sechs eigene Kinder und mehrere Enkelkinder großgezogen. Sie hatte also einige Erfahrung mit Kindern und stellte voller Verwunderung fest, ein so unruhiges Neugeborenes noch nicht erlebt zu haben. Sie sagte einen Satz, den ich nie vergessen werde: »Das gibt es doch nicht, der Junge muß doch irgendwann mal schlafen, der ist ja nur im Gange«.

Unser Junge bekam während dieser zwei Wochen einen weißlichen Belag im Mund. Was war das? Zum Glück wohnte in der direkten Nachbarschaft meiner Schwiegereltern ein Arzt. Der war so nett und kam noch am selben Abend und klärte uns auf, daß dies ein Pilzbefall namens »Soor« sei. Wir bekamen ein entsprechendes Medikament, und weitere zwei Wochen später war diese Geschichte ausgestanden. Dies war das erste Mosaikteilchen, doch daran dachten wir zu diesem Zeitpunkt überhaupt noch nicht. Auch hatte Daniel während dieser Zeit viele Blähungen, Probleme mit dem Stuhlgang, wie überhaupt oft in seinen ersten drei Lebensmonaten. Der

Arzt aus der Nachbarschaft kam mehrmals, und wir waren ihm dankbar dafür. Wir waren zu diesem Zeitpunkt noch völlig ahnungslos, genossen das schöne Wetter und waren viel draußen mit dem Baby. Die ganze Zeit vor der Geburt schien es so, als ob der Sommer ausbliebe. Es war kühl und trüb, und da ich die Sonne so sehr liebe, war ich darüber richtig traurig. Das Wetter paßte so gar nicht zu meinen Empfindungen, zu meiner Situation. Auch an dem Tag, an dem Daniel geboren wurde, war es neblig, trüb und kalt. Und das im Juni. Doch am Morgen unserer ersten Nacht zu Hause kam so nach und nach die Sonne hervor. Es kam strahlender Sonnenschein, der den ganzen Sommer nur selten aufhörte. Ich denke heute noch sehr oft daran. Es war wirklich so. Manchmal frage ich mich, ob dem eine Bedeutung beizumessen ist? Doch in solchen Dingen bin ich zu nüchtern eingestellt, nur so ganz sicher bin ich mir dabei auch nicht immer ...

Daniel war, wie gesagt, ein unzufriedenes Baby. Jedenfalls schien es mir so. Er hatte, denke ich, auch Grund zum »Unzufriedensein«. Er hat sich tatsächlich nicht wohl gefühlt. Doch was die Ursache für sein Unwohlsein war, wußte ich nicht ... Ich konnte es ihm nicht recht machen. Wir hatten einfach keinen Draht zueinander. Oder besser, ich wußte nicht, ihn zu nehmen, wußte nicht, was er brauchte. Ich hatte Angst. Viel Angst. Manchmal fürchtete ich mich sogar vor dem Moment, da er aufwachen würde. Ich war mucksmäuschenstill, damit er so lange wie möglich schlief. Ich hatte Angst vor meiner eigenen Unfähigkeit. Damals gab ich ihm die Schuld. Ich dachte, er sei jetzt schon, nach wenigen Wochen, verwöhnt, ungezogen, tyrannisch ... Ich habe so vieles nicht gewußt. Es sollte auch noch eine ganze Weile dauern, bis ich Licht in das Dunkel brachte.

Ich war oft wütend auf Daniel. Sehr. Was hatte er mit mir vor? Wollte er mich brechen? »Oh nein, nicht mit mir«, dachte ich und habe manchmal sogar Genugtuung empfunden, wenn Daniel schrie. Ich war hilflos, unwissend! Ich wünsche mir heute nichts sehnlicher, als daß ich die Zeit zurückdrehen könnte. Vieles würde ich anders machen. Doch eine zweite Chance habe ich nicht.

Zunächst hatten wir eine Kinderärztin, und die meinte bei einer Untersuchung: »An dem werden Sie noch viel Spaß haben!«. Was sollte das heißen? Da war der Junge gerade vier Wochen alt! Doch sie sollte recht behalten. So und auch so ... Wir hatten in der Tat viel Freude an ihm, und es ist nicht etwa so, daß alles nur überschattet war. Nein, wir hatten und haben stets Spaß mit ihm und an ihm.

Der Sommer wurde sehr heiß, und ich beschloß, Daniel in einen Buggy zu legen. Den fragenden Blicken der anderen begegnete ich mit den Erklärungen, es sei viel zu heiß, und er würde in dem geschlossenen Kinderwagen schwitzen. In Wahrheit konnte mir alles nicht schnell genug gehen. Ich hatte große Freude daran, Dinge für das Baby zu tun und auch Babysachen zu kaufen. Ich war mächtig stolz, denn Daniel war auch ein ausgesprochen hübsches Baby. Hatte pechschwarze Haare, die alle hochstanden, wunderschöne Augen und war auch ansonsten sehr wohlgeformt. Makellos. Ich genoß es sehr, wenn jemand voller Entzücken in den Kinderwagen schaute ...

Wir ließen keine Vorsorgeuntersuchung aus, denn ich freute mich schon jedesmal zu hören, wie gut mein Kind gedeihe, vielleicht auch gepaart mit der Hoffnung zu erfahren, daß er ein ganz besonderes Baby war. So geht es sicher vielen Eltern. Alle halten ihr Baby für ein kleines Genie. Heute hat sich in mir alles, was irgendeine Wertigkeit betrifft, völlig verschoben, und ich kann nur mit Unverständnis auf meine damaligen Verhaltensweisen oder Gedankengänge zurückblicken. Wir gingen also regelmäßig zu allen empfohlenen Untersuchungen, doch wir wechselten den Arzt. Im Nachbarort hatte eine neue Kinderarztpraxis eröffnet. Es wurde überall nur Gutes über diesen Arzt berichtet, und er war auch besser von unserem Wohnort aus zu erreichen.

Wir wenden uns mit unserem Problem an den Arzt
Bei nächster Gelegenheit erzählten wir dem Arzt von unserem Problem: Daß Daniel viel schrie, sehr starke Blähungen habe, Probleme

mit dem Stuhlgang, sehr unruhig sei, sich für nichts begeistern könne, kein Interesse zeige, sich nicht trösten ließe, keinen Körperkontakt mochte und daß er auf uns den Eindruck eines immer schlecht gelaunten Babys mache. Der Arzt erklärte uns, daß auch ein Baby sich erst an das Leben gewöhnen müsse und es für ein so kleines Wesen eine enorme Umstellung sei, aus dem Mutterleib in die Welt zu kommen. Darüber hinaus konnte er daran nichts Ungewöhnliches finden und hielt uns wohl auf irgendeine Art für unfähig; oder er dachte, wir wären der Sache nicht gewachsen und hätten es uns zu leicht vorgestellt, ein Baby zu haben. In mancher Hinsicht hatte er damit auch sicher nicht ganz unrecht. Vielleicht war er aber auch selbst nur ratlos, wie sich später auch herausstellte. Wir verstanden, und es leuchtete ein, was er uns sagte, und wir gaben uns insofern die Schuld, als daß wir uns für ungeduldig hielten und wir wohl zu viel von dem Baby verlangten. Alles in allem fühlten wir uns gut aufgehoben bei diesem Arzt. Er schien einfühlsam, verständnisvoll und kompetent.

Daniels häufiges Weinen und seine schlechte Laune brachten uns sehr oft an den Rand der Verzweiflung. Ich hielt eigentlich nichts davon, ein Kind schreien zu lassen, ich wollte ihn doch trösten, ihm meine Wärme geben, das Gefühl von Sicherheit vermitteln. Doch gelungen ist mir das nicht. Die eine Oma gab uns den Rat, das Kind bloß nicht ins elterliche Bett zu holen. Wäre es erst einmal darin und hätte dessen Vorzüge kennengelernt, wäre es so gut wie unmöglich, es jemals wieder an sein eigenes Bettchen zu gewöhnen. Die andere Oma erzählte uns, daß mein Mann als Baby auch viel geschrien hätte und man ihn dann auch schreien ließ (früher sagte man, die Lungen würden sich durch Schreien kräftigen, so bekäme das Kind später eine kräftige Stimme, und das müsse gerade bei einem kleinen Buben so sein). Eigentlich völlig kritiklos übernahmen wir diese Ratschläge und ließen Daniel manchmal stundenlang schreien. Aus meiner heutigen Sicht ist das unfaßbar, und ich denke, wenn ich etwas in ihm kaputtgemacht habe, dann damals, wenn auch aus Unwissenheit. Hier wäre der Arzt gefordert gewesen, doch er kam dieser

Anforderung, warum auch immer, nicht nach. Daniel hat geweint und geschrien, und nachdem ich alles, meiner damaligen Meinung nach, für ihn getan hatte, ließ ich ihn schreien. Er war satt, frisch gewickelt und wollte nicht auf meinen Arm, nicht ins Bett, nicht aus dem Bett, nicht auf die Krabbeldecke. Alles schien falsch zu sein ... Es fällt mir schwer, meine jetzigen Gefühle dazu in Worte zu fassen. Ich finde es beschämend und unverzeihlich. Den Rat, das Baby stets in sein eigenes Bett zu legen, nahmen wir ebenso kritiklos und erfahrungslos an. In unser Bett holten wir Daniel allenfalls zum Schmusen und Spielen. Am Wochenende oder so. Es geriet, es hätte uns klar sein müssen, zum Chaos, wenn er zum Beispiel Sonntagmorgens in unser Bett »durfte«. Völlig verständlich, er hat es ja nie gelernt, wie schön es sein kann, mit seinen Eltern im Bett zu liegen, zu kuscheln oder zu albern. Er ist nur auf uns herum geklettert, Nachttischlampe an, Nachttischlampe aus, Decke hoch, Decke runter. Was sollte er auch hier?? Was wollten Mama und Papa von ihm?? Er hatte doch ausgeschlafen und jetzt sollte er ins nächste Bett?! Es waren wahrscheinlich auch die zarten Berührungen beim Schmusen, beim Aneinanderliegen, die ihn rasend machten. Er konnte sie nicht ertragen. Ähnlich wie wir eine lästige Fliege am Bein empfinden, hat er versucht, sich diesen für ihn unerträglichen Berührungen zu entziehen. Heute weiß ich das.

Die Zeit verging, seine Unruhe und Unausgeglichenheit beschäftigten uns mehr und mehr; und daß wir uns Gedanken machten, lag nicht zuletzt daran, daß man, ob man will oder nicht, Vergleiche zieht. Man beobachtet und vergleicht: mit anderen Kindern, mit anderen Familien. Daniel hat dabei im Grunde nicht schlecht abgeschnitten, er war eben nur anders. Teilweise. Es gab Dinge, die für andere völlig problemlos waren, die uns aber die größte Anstrengung kosteten: Einkaufen, Einladungen oder Arztbesuche. Es ist auch heute noch so, daß uns diese Dinge ein Greuel sind. Es kostete eine Menge Verständnis, Geduld und manchmal auch Selbstbeherrschung, so daß wir es mittlerweile vermeiden, zusammen mit unseren Kindern einkaufen zu gehen. Natürlich ist es meistens für Kinder langweilig, mit ihren Eltern im Supermarkt herumzulaufen, doch läuft dies bei anderen Familien im akzeptablen Rahmen ab. Für uns bedeuteten diese Dinge manchmal eine regelrechte Tortur. Daniels Hände waren überall, seine Stimme im ganzen Supermarkt zu hören, er ist durch sämtliche Gänge geflitzt, und wir hielten den Atem an, bis der Einkauf vorüber war ... So ist es gekommen, daß ich einkaufen ging, wenn mein Mann zu Hause war, denn wir hatten gelernt, daß solche Erledigungen auch für Daniel eine sehr große Anstrengung darstellten. Es kostete ihn eine Menge Kraft, und sein innerlicher Druck war sehr groß, wenn er auch nur ansatzweise spürte, daß er in einem gewissen Rahmen bleiben mußte. Er versuchte, diesen Druck mit verstärkten Verhaltensweisen zu kompensieren. Arzttermine nahm ich zu Zeiten wahr, die eigentlich den Berufstätigen vorbehalten sind, und wenn beide Kinder zum Arzt mußten, dann nur zu getrennten Terminen. Es kommen eben viele Dinge zusammen. Es galt und gilt, Erfahrungen in den Alltag zu integrieren. Umorganisieren hieß es ... Im Sinne aller.

Umzug und andere Aufregungen

... Wir zogen um, als Daniel nicht ganz zwei Jahre alt war. Wir blieben zwar im gleichen Haus wohnen, doch ergab sich für uns die Möglichkeit, eine Wohnung im Parterre zu beziehen. Für mich war es dadurch leichter, mit Kinderwagen schleppen usw. Vergrößert hatten wir uns räumlich zwar nicht, doch wie schon gesagt, gab es andere Erleichterungen. Wir verzichteten in der neuen Wohnung auf ein Elternschlafzimmer, denn es war uns wichtig, daß jedes unserer Kinder ein eigenes Zimmer bekam. Daniel sollte nicht »zahlen« müssen für unseren weiteren Kinderwunsch, indem er nachts wach werden würde, wenn sein Geschwisterchen schrie, denn wir erwarteten unser zweites Kind ...

Im April 1993 wurde Daniel operiert, denn er war mit einem linksseitigen Hodenhochstand zur Welt gekommen. Da sich dieser nicht von selbst behob, war diese Operation notwendig geworden. Hierzu kann ich nichts Besonderes sagen, denn es lief alles gut, auch die Vollnarkose. Nur das Erwachen war etwas heftig. Er hat geweint, geschrien, war schlecht zu halten.

Ein Besuch beim Hautarzt, etwa zum gleichen Zeitpunkt, wegen Daniels damals zeitweise trockener Haut wurde dagegen für mich zu einem Erlebnis, das ich wohl nie vergessen werde. Daß sich dieses so in mir eingegraben hat, lag aber weniger an Daniel, als an den »wohlgemeinten« Ratschlägen der Arzthelferin: Da wir noch nicht an der Reihe waren, bat man uns freundlich, im Wartezimmer zu warten. Gesagt, getan. Das Wartezimmer war hell, doch eng und bereits voller wartender – eher älterer – Patienten. Wie üblich war es eine Sache von Minuten, und Daniel wurde es schrecklich langweilig. All die teils zerfledderten Bilderbücher und abgekauten Bausteine konnten ihn nicht mehr interessieren. Es kam, wie es kommen mußte: Daniel lief im Zimmer umher, stolperte über die Füße der anderen Patienten, und wir begannen, die unterschiedlichsten Blicke zu ernten. Sie reichten von »Arme Mutter, ungezogenes Balg« bis »... wenn das meiner wäre!« Kurz darauf ging die Tür auf, und die Arzthelferin bat uns freundlich, doch bitte auf dem Gang zu warten, es sei nicht möglich, die anderen Patienten derart zu belasten. Ich war damals hochschwanger, und wir beide mußten auf dem Gang stehen und warten, bis wir dran kamen. Die überaus »freundliche« Arzthelferin kam nicht umhin, mir einen wohlgemeinten Ratschlag zu geben und sagte: »Vielleicht hätten Sie besser noch gewartet mit Ihrem zweiten Kind. Offensichtlich sind Sie doch bereits mit einem Kind überlastet!« Es ist immer wieder schön, wie sich manche Menschen für das Schicksal und die Probleme ihrer Nächsten interessieren. Solche Leute braucht das Land! Ich frage mich, ob der Arzt überhaupt wußte, welch »nette« Angestellte er hatte ...

Jonas wird geboren
Unser zweites Kind kam auf die Welt. Das war am 29. Mai 1993. Wir waren gespannt und gleichzeitig sicher, daß alles normal abläuft, so, wie das eben so ist in Familien. Jonas kam also, und wir gaben uns

alle Mühe, Daniel nicht hintenan zu stellen. Wieso auch, wir liebten ihn, er war unser Kind. Er durfte Jonas halten, ihn anziehen und einiges andere. Doch war das Baby ihm von Anfang an ein Dorn im Auge. Daniel war und ist sich sicher, daß Jonas ihm viel wegnimmt. Vor allen Dingen unsere Liebe und Aufmerksamkeit. Sicher hatte er damit in gewisser Weise recht. Er war in einer Phase des Loslassens und Zurückkommens, des Erkundens ... Daniel hatte Angst, daß er, nachdem er losgelassen hatte, um zu erkunden, vielleicht zurückkommen würde und wir uns seinem Bruder zugewandt haben könnten, ohne noch von ihm Notiz zu nehmen.

In dieser schwierigen und für alle Kinder wichtigen Phase mußte er plötzlich teilen. Alles was ihm wichtig war und was er so sehr brauchte: Aufmerksamkeit, Zeit, Beachtung und vieles mehr. Ich denke, dieses Empfinden haben alle »Erstgeborenen«, doch liegt der Unterschied darin, wie sie damit umgehen oder besser gesagt, wie es ihnen möglich ist, damit umzugehen. Wir gaben uns alle Mühe und machten uns eigentlich zum damaligen Zeitpunkt noch keinen Vorwurf, ihn vernachlässigt zu haben. Sicher sind wir nicht fehlerlos gewesen, das mag sein, aber wir waren stets bemüht, es Daniel an nichts mangeln zu lassen.

Jedoch konnte ich Daniel niemals mit Jonas alleine lassen. Einmal hat er ihm ein Metallauto ins Bettchen geworfen. Sicher wollte er ihm etwas Gutes tun oder mit ihm spielen, war er doch selbst erst zwei Jahre alt. Oder wollte er Jonas zeigen, wie wenig es ihm gefällt, daß er da ist? Ihm damit sagen: »Du nimmst mir weg, was mir am liebsten ist. Was für mich wichtig ist. Ich kann nicht mit Dir teilen. Ich brauche die Eltern für mich. Ich brauche sie wirklich!«? Das Auto verfehlte nur knapp Jonas Kopf! Was folgte, waren Schreie und Schimpfe von mir, seiner Mutter. Anstatt ihm zu erklären, ihn zu nehmen, tobte ich. Denn ich setzte zu diesem Zeitpunkt noch stets voraus, daß er alles aus Berechnung tat. Er war ja ein Teufel, es konnte nur so sein ...

Ein knappes halbes Jahr später rannte ich voller Schrecken ins Kinderzimmer, Jonas schrie wie am Spieß. Ich traute meinen Augen nicht. Er hatte lauter Wäscheklammern an den Ohren! Wie das? Mit sieben Monaten? Und wer stand dabei und guckte teils belustigt und teils ängstlich vor Mutters Reaktion, die nun folgen mußte? Daniel! Wie sollte es auch anders sein? Für mich war damals ganz klar, der »Teufel« hat wieder zugeschlagen. Und wieder: Statt ihn zu halten, ihn zu lieben, gab es wieder Schreie und Schelte, wie so oft ...

Es tut mir heute in der Seele weh, wenn ich nur daran denke. Mutter war ich lange Zeit keine. Zumindest nicht die, die Daniel gebraucht hätte. So sehe ich das jetzt. Ich denke, erst jetzt habe ich diesen »Titel« verdient und trage ihn mit Stolz. Erst jetzt kenne ich Daniel und weiß um seine Unschuld und daß er niemals der Teufel war, für den ich ihn immer hielt.

Im Spielkreis

Als Daniel etwa achtzehn Monate alt war, ging ich mit ihm in einen Spielkreis. Eigentlich war es mir zuwider, mich mit Müttern zu treffen und Small Talk zu halten oder die Bedürfnisse mancher Mütter zu teilen, sich und ihr Kind hervorzutun. »Mein Junge ist schon mit zehn Monaten gelaufen!«, »Meine Tochter kann schon auf's Töpfchen gehen!« ... Und immer die gespielte Anteilnahme und der falsche Trost, wenn ein Kind es noch nicht »so weit« gebracht hatte. Das betraf nicht nur Daniel. Auch andere Kinder zeichnen sich nicht vom ersten Tag ihres Lebens als »Genies« aus. Die Eltern merken in ihrer Freude, ihrem Stolz nicht, wie sie die Dinge überbewerten und wie sie andere damit außen vor lassen. Eigentlich werden Kinder schon unter Druck gesetzt, sobald sie das Licht der Welt erblickt haben. Voller Spannung warten die Eltern darauf, was das Baby wohl als nächstes kann. Die Kinder haben schon keine Zeit, noch bevor sie sprechen können. Ich war irgendwann einmal genauso. An dem Satz: »Wer keine Probleme hat, der macht sich welche« ist schon etwas dran. Probleme, die im Grunde noch nicht einmal die Bezeichnung »Problemchen« verdienen: »Wie kann man einen Kindergeburtstag noch toller gestalten, wohin fahren Sie mit Ihrem Baby in den Urlaub? Was, überhaupt kein Urlaub? Ach, das tut mir aber leid für Sie!«. Als wir noch in keiner Weise daran dachten, daß unser

Sohn ein gesundheitliches Defizit haben könnte, waren unsere »Probleme« auch ähnlich wie diese ... Wir nahmen sie natürlich sehr ernst, und uns kam auch nicht der Gedanke, daß es vielleicht oberflächliche Dinge waren, die uns beschäftigten. Die Sache mit dem Buggy beispielsweise oder die Überlegung: »Gehe ich in den Spielkreis oder nicht?«. »Kann er schon Mama sagen, oder hört es sich eher wie Papa an?« – so ist das nun einmal. Erst wenn man ein wirkliches Problem hat, kommt man ins Grübeln: Ist das eine oder andere wirklich notwendig? Hat man in der Vergangenheit vielleicht den Blick fürs Wesentliche verloren? Wir waren nicht anders als andere.

Der Spielkreis wurde für uns Streß pur. Zum einen, weil Daniel ständig in Bewegung war; ihm paßte nichts, er ließ sich nicht dazu motivieren, bei all den schönen Kinderspielen mitzumachen. Zum anderen habe ich es als schlimm empfunden, daß bereits dort ein solcher Konkurrenzkampf stattfand. Wohl mehr unter den Müttern als unter den Kindern. Die Dinge, die dort gemacht wurden, die Spiele, waren zuviel für unseren Jungen oder einfach nur die falschen, und ich hab es nicht gewußt. Ich habe lange Zeit in ihm einen kleinen Teufel gesehen, dem es Spaß macht, aus der Reihe zu tanzen, die anderen zu ärgern.

Ich kann mich noch gut daran erinnern, als wir eines montags im Spielkreis waren. Jonas war dabei und lag ganz friedlich und zufrieden in seinem Kinderwagen und schlief. Der Lärm der Kinder störte ihn nicht im geringsten. Wir saßen alle auf einem Teppich, und die Kinder sowie die Mütter beschäftigten sich mit den verschiedensten Dingen. Daniel hat mit Holzbauklötzen gespielt, ich kniete neben ihm. Nach kurzer Zeit begann er, die anderen Kinder damit zu bewerfen, und ich versuchte, die Bausteine so schnell wie möglich einzusammeln und sie ihm wegzunehmen. Doch es schien, als hätte er mehr Hände als ich, und ich bemerkte, wie Panik in mir aufkam. Tatsächlich verfehlte ein Holzklotz nur knapp den Kopf eines anderen Kindes. Geschafft, die Bausteine verschwanden im Schrank. Ich kam jedoch nicht zum Aufatmen, denn inzwischen hatte Daniel seinen Bruder als idealen »Ersatz« entdeckt. Die anderen Kinder standen aufmerksam neben ihm, eher fragend beobachteten sie, was unser Junge alles mit dem Baby anstellte. So etwas wie Beschützergefühle gegenüber Schwächeren kannte er zu diesem Zeitpunkt noch nicht ... Von seinen groben Berührungen geweckt, fing nun auch noch Jonas an zu schreien. Daniel hatte es geschafft: Er hatte von sich ablenken können, ablenken davon, daß die anderen Kinder möglicherweise seine Unsicherheit und seine Scham bemerken könnten. Er versuchte, damit Macht zu demonstrieren. Ja, seine Mutter hatte ihm die Bausteine weggenommen, doch er, er der Unverwundbare, hatte doch noch Macht demonstrieren können, wenn auch nur über einen Säugling. Das Unverständnis in den Blicken der anderen nahm Daniel nicht wahr, er deutete diese Blicke als Bewunderung. Daniel versucht, stets seine Unsicherheiten mit Machtgehabe zu überdecken. Oder mit Kaspereien. Es fällt ihm schwer zu glauben, daß seine Spielgefährten ihn nicht weniger mögen würden, wenn er seine Schwächen offen zugäbe ...

Das war zuviel für mich! Ich nahm Daniel auf den Arm, zog ihm völlig genervt seine Jacke an und verließ unter den verständnislosen und fragenden, doch im Grunde wohl genauso hilflosen Blicken der anderen Mütter auf Nimmerwiedersehen den Spielkreis. Es war unser letzter Besuch dort.

Wo liegt das Problem?
Längst war uns klar, daß irgendetwas nicht so war, wie wir uns es immer vorgestellt hatten. Wir dachten, Daniel sei schwer erziehbar, ein Teufel eben, oder wir machten Fehler über Fehler. Um uns aus diesem Teufelskreis zu befreien, gingen wir wieder einmal zu unserem Kinderarzt. Dieser riet uns, uns an eine Beratungsstelle zu wenden, und ich vereinbarte sobald wie möglich dort einen Termin. Wir wurden empfangen, es waren Formalitäten zu erledigen, und man ging mit uns in einen Raum, in dem wir uns unterhalten konnten. Wir berichteten auch dort von unseren Beobachtungen, und man sagte uns, es bestehe keine Behandlungsnotwendigkeit oder so ähnlich, genau kann ich das heute nicht mehr sagen. Wir hörten etwas über familiäre und soziale Schwierigkeiten, und man machte uns dar-

auf aufmerksam, daß Jonas wohl auch sehr lebhaft sei (er krabbelte während des Gespräches im Zimmer umher, ist das untypisch für ein neun Monate altes Baby??). Es sei immer eine Frage, ob es uns persönlich stören würde, oder ob es uns nur stören würde, weil wir Probleme hätten, zu unserem Kind zu stehen. Sollte uns nur die Meinung anderer Leute dazu bewegen, etwas zu ändern, dann wäre das nicht nötig. Wichtig wäre, daß es uns nicht störe, und solange dies der Fall sei, sei ja alles in bester Ordnung. Das war's!

Wir gingen nach Hause und überlegten, wie es denn nun eigentlich war. War es tatsächlich so, daß Daniels Lebhaftigkeit (charmant ausgedrückt), seine Unzufriedenheit und seine Aggressionen uns nur störten, weil wir ein Problem damit hatten, selbstbewußt in der Öffentlichkeit dazustehen? Oder störte es uns selbst? Und wenn dies so war, müßten wir uns dann nicht schämen dafür? Nein, es störte uns nicht, so beschlossen wir! Wirklich nicht?

Alles blieb, wie es war. Zu Hause Chaos. Daniels Verhältnis zu seinem Bruder besserte sich in keiner Weise. Ich bezeichne Jonas heute als »Restekind«. Er bekam von Anfang an nur das, was Daniel von uns übriggelassen hat: an Zeit, Stärke und Teilnahme. Er war zum Glück ein sehr ruhiges und ausgeglichenes Baby. Das Gegenstück zu Daniel. Ich war auf der einen Seite froh darüber, konnte ich mich dadurch mehr dem »Großen« widmen. Auf der anderen Seite wurde mir durch ihn mehr und mehr bewußt, daß Daniel nicht so war, wie Kinder in der Regel sind.

Das klingt komisch: Wie sind Kinder eigentlich? Wie müssen sie sein? Müssen sie »irgendwie« sein, und warum können sie nicht so sein, wie sie sind? Ich habe einmal bei einem Spaziergang Hühner in einem Gehege beobachtet. Eines dieser Hühner war behindert. Es hatte einen verkrüppelten Fuß. Doch darüber hinaus konnte ich keine Besonderheiten feststellen. Auch nicht im Verhalten der anderen Hühner. Das Huhn war einfach so, wie es war. Für die anderen schien diese Behinderung gar nicht existent. Warum ist das bei uns Menschen nicht so? Die Menschen beschäftigen sich stets mit der Andersartigkeit, in jeder Beziehung. Warum nur ist dies notwendig?

Viele geben sich tolerant und sind es doch gar nicht. Sie sind im Grunde hilflos jeder Behinderung gegenüber, ja sogar des »Anders Aussehens«. Sie geben sich betont offen und sind es doch nicht wirklich. Warum ist es überhaupt ein Thema: Bin ich o.k.? Bist Du o.k.? Oft hört man den Satz: »Leben und leben lassen«, doch nur wenige setzen ihn wirklich um. Auch für die vielen Ärzte und Therapeuten, die alle helfen wollen, ist es schwer, den schmalen Grat nicht zu überschreiten, wo der Patient zu einer defekten Maschine wird, die es gilt, wieder funktionsfähig zu machen. Die gelegentlich ihrem Ehrgeiz unterliegen, sich zu profilieren und im günstigsten Fall zum Schluß voller innerer Bewunderung und Zufriedenheit auf »ihr Werk« sehen.

... Jonas also schlief stets zufrieden in seinem Bettchen oder lag einfach nur so da und freute sich seines Lebens ... Über seinem Bettchen hing eine Spieluhr. Diese habe ich aufgezogen, wieder und wieder. Bis ich merkte, er war ja dabei eingeschlafen ... Ich hatte nicht viel Zeit für ihn.

All diese Dinge begann ich irgendwann einmal aufzuschreiben, um Gedanken und Erlebnisse hinüberzuretten in eine Zeit, in der wir vielleicht eines Tages nur noch mit »Unbehagen« zurückblicken und Gedanken längst Schnee von gestern sind. Ich will mich selbst, jederzeit, »zurückversetzen« können und somit dem Vergessen keinen Platz schaffen. Auch liegt mir in erster Linie daran, unserem Kind Erklärungen geben zu können, warum es so häufig Blut abgenommen bekam, warum es seine Fähigkeiten bei diversen Tests immer wieder unter Beweis stellen mußte ... Ich weiß aus meinem tiefsten Inneren, daß Daniel ein ganz besonderer Mensch ist. Ein ganz sensibler Mensch, der, wenn es ihm möglich ist, einen Blick für die kleinen Dinge hat. Er war zu keinem Zeitpunkt der Mensch, für den ich ihn lange hielt. Das weiß ich heute. Er ist gefangen in sich selbst. Ich bin stolz auf ihn. Er ist ein ganz prima Kerl! Er kann ganz besonders lieb und charmant sein. Und seinen Einsatz für andere, die »in Not« sind, bewundere ich sehr. Dann ist er völlig selbstlos, gibt sein letztes Hemd. Ich denke hier vor allem an sein Verhalten gegenüber Jonas, der dies mit seinen mittlerweile fünf Jahren auch auszunutzen weiß. Mir tut es dann jedesmal weh, wenn ich diese Berechnung seinerseits erlebe und Daniels Freude, ihm zu helfen. Er erledigt Einkäufe, die Jonas machen sollte. Er hilft ihm, sein Zimmer aufzuräumen, was wirklich ganz toll ist, denn wer das Chaos am Abend in Jonas Zimmer schon einmal gesehen hat, weiß, welchen Stellenwert Daniels Hilfe dabei hat! Das sind nur einige seiner vielen guten Eigenschaften, die zwar manchmal nur schwer zu erkennen waren, aber es gab sie, und es waren mehr, als viele vermuteten.

Der Kindergarten

Daniel bekam einen Kindergartenplatz, als er drei Jahre alt war. Das war in unserer Kleinstadt nicht selbstverständlich, denn mit steigender Einwohnerzahl stieg keineswegs auch die Zahl der Kindergartenplätze.

Nun, wir hatten also Glück und bekamen einen Platz. Daniel hat sich relativ schnell eingelebt, doch ich informierte die Erzieherin über unsere Beobachtungen und bat sie, mich auf dem Laufenden zu halten. Ich wollte wissen, wie er sich verhält, wenn ich nicht in seiner Nähe war. Es gab ja immer noch die Möglichkeit, daß ich tatsächlich überängstlich war oder überreagierte und viele Dinge einfach nur falsch einsortierte. Daß er freier und lockerer war, wenn ich nicht da war ... Seine Erzieherin konnte mich auch nach Monaten nicht verstehen und hielt mich insgeheim wohl für eine »hysterische« Mutter. Manchmal hatte ich ja selbst große Zweifel an mir selbst.

Nach ungefähr einem Jahr kamen dann doch die einen oder anderen Berichte. Sie bestätigte mir nach und nach, daß Daniel oft störte, nicht ordentlich frühstücken konnte und somit auch während des Frühstücks immer neben ihr sitzen mußte. Aber ansonsten, meinte sie, sei er eben lebhaft, aber mehr nicht. Malen oder Basteln waren sehr unangenehme Beschäftigungen für ihn, die er auch nur mitmachte, wenn es darum ging, daß alle an einen Tisch gebracht werden sollten. Ansonsten konnte man ihn mit Pinsel und Schere höchstens in die Flucht schlagen. Die meiste Zeit verbrachte er auf dem

Bauteppich. Bauen mit allen Arten von Steinen war und ist auch heute noch seine liebste Beschäftigung. Es war nur schade, daß seine Fähigkeit, länger an einer Sache zu bleiben, sehr gering war. Damit will ich sagen, daß nach kurzer Zeit neue Reize her mußten und er auf der Suche nach diesen äußerst »rücksichtslos« war. Er schaute mal hier und mal da, sprach mal den einen an, dann den anderen, kletterte herum und nahm somit den anderen die Möglichkeit, sich weiter in Ruhe zu beschäftigen. Infolgedessen wurde er zum Beispiel aus dem Zimmer geschickt, ermahnt und dergleichen. In Wahrheit jedoch hat er nichts Böses getan. Sein Interesse an der von ihm begonnenen Beschäftigung war erloschen, und seine schier unstillbare Gier nach Reizen wollte aufs Neue gestillt werden. Also machte er sich auf den Weg. Schimpfe, Ermahnungen oder Strafen konnte er nicht nachvollziehen. Was hatte er getan?? Nichts, und doch sollte etwas falsch sein. Er bezog diese Kritiken auf seine Person, ging davon aus, daß man ihn persönlich nicht mochte. Ganz klar, daß sein Selbstbewußtsein auf ein Minimum geschrumpft war. Wenn er den ganzen Tag auch nur hörte: »Daniel tu dies, Daniel laß das. Daniel mach das so, und Daniel sitz still. Paß auf, die Gabel fällt, hör auf, mit dem Stuhl zu wackeln, sprich nicht so laut, und hör doch mal zu. Sieh doch, die anderen können es doch auch, warum nur du nicht?«. Das war nicht nur im Kindergarten so. Nein, ich muß leider sagen, daß sich dieses Martyrium über den ganzen Tag hinzog. Wo auch immer er war, wer auch immer mit ihm zusammen war ... Es tut weh, wenn ich mir vorstelle, wie er den Alltag mit uns erlebt haben muß. Wie ist es eigentlich für ihn gewesen? Doch wohl kaum weniger schlimm als für uns! Richtig betroffen macht es mich, wenn ich daran denke, mit welcher Geduld und welcher Liebe er uns stets begegnete. Seine jederzeit uneingeschränkte Zuneigung zu allen; er war nicht nachtragend, und ich kann auch sagen, ich habe im Laufe der Zeit viel von ihm gelernt. Dafür danke ich ihm.

... Es dauerte noch etwa weitere eineinhalb Jahre, bis die Erzieherin Daniel kannte und feststellte, daß sein Verhalten nicht nur eine Phase war. So bastelte er zum Beispiel nicht gerne, war nicht zu lenken, auch nicht zu strafen, alles schien an ihm abzuprallen. Die Kindergartenleiterin berichtete einmal, ihr sei aufgefallen, daß er nur über Gewalt Kontakte schließen konnte.

Er konnte sehr schön bauen, aber bevor er am Mittag nach Hause ging, mußte er alles, was er so schön und mühsam aufgebaut hatte, wieder zerstören. Eine Erklärung dafür hatte sie nicht. Die Erzieherinnen in »normalen« Kindergärten sind, denke ich, schlichtweg überfordert mit Kindern, die Defizite gesundheitlichen Ursprungs aufweisen. Dies ist kein Vorwurf, denn die Ausbildung, die sie durchlaufen, bezieht sich wahrscheinlich immer auf das »Normalkind« mit dem einen oder anderen Problem. Im Kindergarten lassen sich gewisse Dinge auch noch gut auffangen. Schwierig wird es dann, wenn hyperaktive Kinder gewisse Leistungen erbringen müssen, einer bestimmten Linie folgen müssen, eben wenn ein Rahmen abgesteckt wird ...

An den Wänden des Gruppenraumes wurden Bilder, die die Kinder gemalt hatten, aufgehängt. Ich muß sagen, man konnte Daniels Bilder stets auf Anhieb erkennen. Sie waren scheinbar ohne Herz gemalt. Nur schnell gekritzelt, schnell hinter sich gebracht. Ich dachte immer, er hätte einfach nur keine Lust zu malen. Daß die Problematik ganz anderen Ursprunges war, wußte ich zu diesem Zeitpunkt noch nicht. Im Grunde versucht jeder Mensch, den Weg des geringsten Widerstandes zu gehen, natürlich auch die Kinder. Oder gerade die Kinder. Beschäftigungen, die ihre Defizite für sie spürbar machen, versuchen sie schlichtweg zu umgehen. Das ist ja nur allzu verständlich. Natürlich zog Daniels Verweigerung auch hier Fragen, ja teilweise auch Unverständnis nach sich. Warum waren seine Bilder nicht so schön wie die der anderen, warum brachte er nur selten Basteleien mit nach Hause, und warum bekam ich zu meinem Geburtstag niemals ein Bild von ihm?? Ich war oft unzufrieden, und ich kann zu meiner Entschuldigung, wenn es überhaupt eine gibt, nur sagen, daß ich aus Unwissenheit vieles, vieles falsch gemacht habe. Es fällt mir nicht schwer, mich in Daniel hineinzuversetzen und nachzuempfinden, wie er sich wieder einmal gefühlt haben mußte. Manchmal aber konnte ich an den Basteleien erkennen, wie er sich bemüht hatte. Zwar sahen die Sachen längst nicht so »perfekt« aus wie die der anderen Kinder, doch sprach sein Einsatz aus ihnen Bände. Das hat mich jedesmal sehr gefreut. Er wurde gelobt, merkte die Freude und war stolz, doch fiel es ihm schwer zu verstehen, wieso Kinder so sehr an dem gemessen werden, was sie zu leisten in der Lage sind. Erbrachte Leistungen oder auch Aussehen sind für Kinder gar nicht wichtig. Was zählt, ist der Mensch, die Möglichkeit, Spaß zu haben und zu spielen. Das ist schön, und das macht das Wesen der Kinder aus. Verstehe einer die Erwachsenen ...

Einmal, gegen Ende der Kindergartenzeit, kam Daniel mit einem Bild nach Hause und hat es mir stolz präsentiert. Ich war platt! Das hatte er gemalt? Mein Sohn?? Toll! Ich hängte es in der Küche auf und freute mich. Ging es etwa bergauf? Ich muß gestehen, es blieben dennoch Zweifel in mir ... Ich war es nicht gewohnt, ein solch »ordentliches« Bild zu sehen, das aus seinen Händen kam. Daniels Bilder waren chaotisch, gekritzelt, meist in schwarzer Farbe und oft auch nicht erkennbar ohne die notwendige Information seinerseits.

Am nächsten Morgen forderten die Zweifel ihre Beachtung, und ich sprach, wenn auch mit schlechtem Gewissen, die Erzieherin an. Es kam wie eine Dusche über mich. Das Bild hatte Daniels Freund gemalt, nachdem er ihn darum gebeten hatte. Nachdem ich das erfahren hatte, war ich sehr enttäuscht. Ich versuchte den ganzen Tag, die Wahrheit aus unserem Jungen herauszukitzeln, doch er blieb bei seiner Version: Er hätte dieses Bild gemalt.

Es war sicherlich kein schöner Zug von mir, ihm nicht zu glauben, dessen bin ich mir voll bewußt. Doch ich kannte ihn, ich traute ihm zu, daß er schummelte. Warum er schummelte, hat mich zunächst nur am Rande interessiert, es wurde mir erst klar, nachdem ich die Wahrheit über dieses Bild erfuhr. Daniel war durstig nach Erfolgserlebnissen. Und da diese in seinem Leben bislang nur rar gesät waren oder, besser ausgedrückt, nicht die nötige Beachtung von uns fanden und auch weil er selbst eine sehr große Erwartungshaltung an sich selbst hatte, schuf er sich seinen Erfolg selbst. Auf diese Art und Weise hat er einen möglichen Mißerfolg oder die Unzufriedenheit über seine Fähigkeit umgangen. Er hatte das Bild malen »lassen«, weil er natürlich klug genug war zu realisieren, ob Lob nur aus Liebe, vielleicht aus Mitleid kommt oder ob sein Werk tatsächlich dieses Lob verdiente. Er verglich seine Bilder mit denen der anderen und manchmal merkte er selbst, daß seine Bilder, trotz größter Anstrengung, einfach nicht dasselbe hergaben wie die Bilder und Basteleien anderer. Deshalb war es für ihn auch manchmal nicht nachvollziehbar, warum man ihn lobte, wo doch die Arbeiten der anderen besser waren als seine ... Er hatte (und hat auch heute noch) schon immer einen sehr großen Anspruch an sich selbst. Halbe Dinge oder Teilerfolge waren und sind ihm zu wenig. Perfekt muß alles sein, was er anfaßt. Und da dies im Leben nun mal nicht immer so ist, bezog er dieses »Versagen« auf sich. Er war nicht selbstbewußt genug, um Niederlagen, Fehlschläge oder Fehler zu ertragen. Obwohl er, wie ich finde, Grund genug hat, selbstbewußt zu sein. Wenn ich bedenke, was er schon alles erleben mußte, welche Erfahrungen er in seinem Alter schon machen mußte und wie positiv er dennoch durchs Leben geht, dann verdient das große Anerkennung, die er sich eigentlich auch selbst gönnen sollte. Wenn das nur so einfach wäre ... Zu Maßnahmen wie der mit dem Bild haben wir ihn, wenn auch ungewollt, getrieben. Der Vorwurf geht somit an uns, seine Eltern.

Heute ist das anders. Heute kann Daniel auch Niederschläge einstecken, ohne gleich auszurasten. Er muß nun nicht jedesmal ein Spiel vorzeitig abbrechen, wenn er am Verlieren ist. Er kann auch die Spielfiguren auf dem Brett stehen lassen, wenn das Spiel nicht zu seinen Gunsten ausgeht. In der Vergangenheit gab es kaum ein Spiel, das wir zu Ende bringen konnten. Zum einen ließ das Daniels Konzentrationsfähigkeit nicht zu, und zum anderen war es für ihn unerträglich, aus einem Spiel nicht als Sieger hervorzugehen. Ich kann seine damalige Verhaltensweise gut verstehen. Mit dem Gedanken an den bereits erwähnten Selbsterhaltungstrieb mußte er sich so verhalten. Denn wie hätte er all die Jahre ständiger Kritiken und Zurechtweisungen überstehen sollen, wenn er nicht zu seinem eigenen Schutz einen Mantel übergezogen hätte?? Einen Mantel der Unnahbarkeit? Unnahbar gegenüber jedem Menschen und jeder Verletzungsgefahr für seine Gefühle. Einen Mantel, der ihn und seine Gefühle schützte ...

Chronische Erkrankungen

Daniel hatte in seinem erst kurzen Leben bereits sehr häufig Bronchitis und Erkrankungen der Ohren. Wieviele Liter Hustensaft und/oder Ohren-/Nasentropfen haben wir im Laufe der Jahre wohl in unseren Jungen hineingeschüttet? Mich überläuft es eiskalt bei dem Gedanken. Im November 1996 überwies uns der Arzt zu einer Hals-Nasen-Ohren-Ärztin, und diese befand nach einer Untersuchung, daß Daniels Rachenmandeln entfernt sowie sogenannte Teflonröhren in die Ohren gepflanzt werden müßten. Er hatte einen großen Erguß in beiden Ohren, und dieser säße nun wie ein Pfropf darin. Sein Hörvermögen wäre stark eingeschränkt. Ich brachte dies jedoch in keiner Weise mit all den anderen Problemen in Verbindung. Wir bemerkten natürlich häufig, wie schlecht Daniels Hörvermögen zeitweise zu sein schien. Wir mußten ihn immer recht laut und auch ganz direkt ansprechen. Wenn er Kassetten hörte oder fernsah, war die Lautstärke immer stark aufgedreht. Wie oft hörten wir von ihm: »Ich kann nichts hören, mach doch mal lauter!« oder »Was hast Du gesagt?«.

Seine Aussprache war für andere oft schlecht zu verstehen. Es fehlten ganze Worte, oder er sprach Worte nur sehr undeutlich aus. Ich brachte dieses Sprachverhalten jedoch nicht mit den häufigen Hals-Nasen-Ohren-Erkrankungen in Verbindung. Wenn man schlecht hört, gerade in einem Alter, in dem das Sprechen gelernt wird, ist es nur allzu verständlich, daß in der Sprache Defizite entstehen. Daß ich das seinerzeit nicht bedachte?!? Ich habe einfach nicht gewußt, daß Polypen und Druckverhältnisse im Kopf zueinander gehören und daß schlecht belüftete Ohren (durch diese sogenannten Ergüsse) Einfluß haben auf die Entwicklung des Hörens und damit verbunden auch auf das Sprechen beziehungsweise Sprechenlernen. Es gibt viele Kinder, die letztendlich auch nicht um eine solche Operation herumkommen, und ich meine, es war uns nicht möglich, überall die Zusammenhänge zu erkennen. Dafür ist eigentlich der Fachmann, der Arzt, da. Heute frage ich mich, wieso unser Kinderarzt die Signale, die er von uns bekommen hat, nicht zu einer Gesamtheit zusammengefaßt hat. Wäre das zuviel verlangt gewesen? Nun, wir gingen regelmäßig mit unserem Kind zum Arzt, ließen alle Vorsorgeuntersuchungen machen mit dem Ergebnis, daß letztendlich doch rund fünf Jahre ins Land gehen mußten, um die Ursache zu erkennen. Die Erkenntnis, daß alles, was ich im Laufe des letzten Jahres über Daniel erfahren habe, in Zusammenhang zu bringen ist, habe ich allerdings nicht unserem Kinderarzt zu verdanken. Vielmehr ist es wie ein Mosaik, das sich mehr und mehr komplettiert. Dank der Bücher, die ich las, der Kontakte zu Fachleuten mit unterschiedlichen Meinungen und dank der Erzählungen anderer Eltern konnte ich feststellen, daß viele andere offenbar manchmal bis ins Detail die gleichen gesundheitlichen Erfahrungen gemacht hatten wie wir mit Daniel und auch die gleichen daraus resultierenden Probleme hatten. Das konnte doch kein Zufall sein.

Daniels Operationstermin wurde für den 6. Dezember 1996 festgelegt. Der Eingriff sollte ambulant vorgenommen werden. Die Operation selbst verlief ohne Komplikationen. Nur das Aufwachen aus der Vollnarkose war, wie schon bei der Hodenoperation im April 93, etwas heftig. Daniel hat sich so gewunden, daß ich ihn kaum halten konnte. Ich wußte in der Zwischenzeit, daß es Leute gibt, die so etwas wie einen Narkoserausch durchlebten, während sie aus dem Tiefschlaf erwachen. Was ich aber nicht wußte, war, daß dies ein weiteres Mosaikteilchen war, was unabänderlich zu unserer ganzen Problematik gehörte. Auch das erfuhr ich erst viel später – genau wie schon manch anderes – durch Sammeln von Informationen und durch Erzählungen anderer. Am Abend des Operationstags, als der Nikolaus kam, lag Daniel auf der Couch und war zum ersten Mal in seinem Leben so, wie »andere Kinder immer sind«. Es war schön, man konnte ihm eine Geschichte vorlesen, mit ihm sprechen, ganz in Ruhe und Gemütlichkeit. Ich schob das natürlich auf seinen Krankheitszustand, der sicher auch eine gewisse Rolle spielte. Doch seine plötzliche Gabe, sich zu konzentrieren, seine deutliche Aussprache ... Ich wünschte mir, daß es von nun an immer so bliebe.

Nachdem Daniel wieder gesund war und die üblichen Nachwirkungen der Operation ausgeheilt waren, glaubte mein Mann eine leichte Veränderung an Daniels gesamten Verhalten erkennen zu können. Eine Veränderung? Doch ja, es war durchaus etwas anders geworden. War das aber nicht bloß ein Zufall? Stand das im Zusammenhang mit den Erfolgen der Operation? Oder war es nur ein gute Phase? Und was genau war eigentlich anders? Klar, die Lautstärke seines Recorders oder des Fernsehers stand von nun an nicht mehr über drei Viertel der Anzeige. Und plötzlich hielt er sich die Ohren zu, wenn zum Beispiel eine Bohrmaschine zum Einsatz kam oder ein großer LKW an ihm vorbeifuhr. Plötzlich war er lärmempfindlich, und das ist bis jetzt so geblieben. Aber konnten diese Auffälligkeiten tatsächlich Einfluß auf sein grundlegendes Verhalten haben? Ja, sie konnten, wenn auch nur in einer Nuance. Diese leichte Veränderung war also ein weiteres Teilchen unseres Mosaiks, wenn auch nicht von überwältigender Wirkung und auch für Außenstehende (Nichtfachleute!) nicht zu erkennen, nur für uns, seine Eltern, die wir ihn mittlerweile mit ganz anderen Augen sahen und auch viel intensiver beobachteten. Oder haben wir vielleicht nur etwas in den Erfolg der Operation hineininterpretiert nach dem Motto: »Der Wunsch, Vater des Gedankens ...«. Nein, das glaube ich nicht ...

Am Rande der Belastbarkeit
Es dauerte nicht lange, da hatte unser tägliches Leben wieder einmal einen Punkt erreicht, an dem wir alle die tiefste Stelle einer Talsohle durchschritten. Unsere Lebensqualität war auf ein Minimum geschrumpft. Das lag zum einen daran, daß wir uns immer wieder fragten, was denn nun falsch war. Wie waren unsere Probleme zu benennen, und was konnte man dagegen tun? Inzwischen waren wir

uns auch einig, daß es reine Selbstberuhigung war, als wir seinerzeit dachten, es störe uns nicht, wie Daniel sich verhält. Ich denke hier noch einmal an unseren Termin bei der Beratungsstelle. Es hat uns damals schon gestört, und wir wußten nicht, damit umzugehen. Wir trauten uns nicht, uns einzugestehen, daß es für uns ein Problem darstellte. Wir gestanden uns nicht zu, ein Problem zu haben mit dem Verhalten unseres Kindes, mit dem Kind selbst. Wir dachten, wir seien schlechte Eltern, wenn dem so wäre. Heute weiß ich, daß dies ein Fehler war und daß wir, wäre uns dieser nicht passiert, schon früher die ganze Sache mit Nachdruck ins Laufen gebracht hätten. Es gab hier niemals einen Unfähigen oder Schuldigen. Alle befinden sich in einer Situation, in der es gilt zu lernen, wie man mit ihr umzugehen hat. Die Frage nach Schuld oder Unfähigkeit stellt sich nicht, sie darf sich nicht stellen.

Daniel war nach wie vor hyperaktiv, aggressiv, impulsiv, jähzornig und unkonzentriert. Leider muß ich sagen, daß es oft eine sehr große Anstrengung war, mit ihm zu leben und dabei nicht zu verzweifeln. Beinahe täglich brachte er einen mit seinem Verhalten oder daraus resultierenden Begebenheiten an den Rand der eigenen Belastbarkeit. Stets wurden uns unsere Grenzen aufgezeigt. Unser Leben war längst auf eine Weise eingeschränkt worden, wie ich es nie für möglich gehalten hätte. Nicht daß ich etwas vermißte, außer mehr Frieden und Freude. Nein, die Bedürfnisse, etwas für sich selbst zu tun, auszugehen, ein gutes Buch zu lesen, waren alle im Laufe der Zeit auf der Strecke geblieben. Oft bekamen wir Angebote, abends auszugehen, doch wir lehnten ab. Wir waren froh, abends auf die Couch fallen zu können und einfach nichts tun zu müssen. Nicht viel reden, nichts. Das haben wir gebraucht. Es galt, möglichst abzuschalten, um Kraft zu sammeln für den nächsten Tag.

Daniel forderte seine Mitmenschen stets bis aufs Äußerste. Natürlich nicht bewußt oder aus Berechnung. Nein, er war eben so, wie er sich zeigte, und konnte überhaupt nichts dafür, war auch in keiner Weise in der Lage, sich irgendwie beeinflussen oder beeinflussen zu lassen.

Erste therapeutische Station: Ritalin®

Etwa zur selben Zeit, Daniel war damals etwa fünfeinhalb Jahre alt, sprach ich wieder einmal mit unserem Kinderarzt über unsere Probleme. Er schlug mir vor, Daniel in Richtung »hyperaktiv« zu testen. Er erklärte, er beschäftige sich seit etwa eineinhalb Jahren intensiv mit diesem Thema und könne sich vorstellen, daß auch wir davon betroffen sein könnten. Ich fragte mich nur, warum er uns nicht früher darauf angesprochen hatte, wenn er sich doch, wie er sagte, seit mehr als einem Jahr damit beschäftigte ... Nun gut, wir vereinbarten also mehrere Termine, an denen unser Junge getestet werden sollte. Ich war gespannt. Ich dachte auch an eine solche Möglichkeit, jedoch zählte ich Daniel, wenn überhaupt, eher zu den »Randkindern«, die gerade mal eben hyperaktiv waren oder nur zeitweise. Ich machte mir also keine allzu großen Sorgen hinsichtlich der Testergebnisse. Ich war mir zwar sicher, daß etwas ganz anders war, als man gemeinhin bei Kindern beobachtet, daß es aber so gravierend sein könnte, glaubte ich nicht! Es wurden Tests zur Bestimmung der Fein- und Grobmotorik gemacht, visuelle Test, Blut wurde untersucht, ebenso Daniels Urin. Genauer erfuhr ich nie, welche Tests insgesamt durchgeführt wurden. Heute mache ich mir zum Vorwurf, nicht mutig genug gewesen zu sein und nicht genauer nachgefragt zu haben. Ich denke, es ist ein ernstzunehmendes Recht, sich so lange aufklären zu lassen, bis man verstanden hat. Auch dazu ist ein Arzt da, und es kann niemand von einem erwarten, daß man während eines vielleicht einmaligen Gespräches versteht, wozu ein Mediziner unter Umständen Jahre Zeit hat. Doch seinerzeit war ich noch nicht selbstbewußt genug, um mein Anliegen mit Nachdruck zu vertreten. Ich war doch auch jemand, war doch kein Bittsteller. Warum nur habe ich nicht genauer nachgefragt, ein Fehler, den ich noch bitter bereuen sollte ...

Die Tests zogen sich über mehrere Wochen hin ... Im Anschluß an diese Untersuchungen bat uns unser Arzt zu einem Gespräch. Es sollten beide Elternteile daran teilnehmen, wenn irgend möglich. Mit wenig Bedenken und doch einer gewissen Erwartung gingen wir zu diesem Gespräch. Was wir dann erfuhren, konnten wir nur schwer glauben. War das wirklich Daniel, über den da gesprochen wurde?

Die Diagnose lautete »Aufmerksamkeits-Defizit-Syndrom mit hyperkinetischer Komponente«! Der Arzt erzählte uns, wie er zu dieser Diagnose kam. Man legte uns Zeichnungen von Daniel vor und erklärte uns, was entwicklungsgemäß sei und was nicht. Eigentlich hätte ich mir eine genauere Erklärung seiner Defizite gewünscht. Doch in diesem Moment war der »Überraschungseffekt« über die Diagnose groß, und ich kann heute nicht mehr genau sagen, was genau eigentlich nicht o.k. daran war, wie Daniel irgendwelche Bilder erkannt oder Linien nachgezeichnet hat. Auch kann ich mich nicht erinnern, daß während dieses Gespräches das Wort »Wahrnehmungsstörung« gefallen wäre. Das muß aber nichts heißen, denn wie gesagt drangen die Erläuterungen des Arztes nicht ganz zu mir durch. Während der ganzen Unterredung schwebte die Diagnose wie ein Damoklesschwert über uns und ermöglichte uns nicht, das Gesprochene mit der notwendigen Aufmerksamkeit zu verfolgen. Ich hatte Gedanken im Kopf wie: »Was kann man tun?«; »Was kommt auf uns zu?«; »Wie geht es weiter?«. Ich schnappte die Information »IQ etwa 120« auf und daß dies bei hyperaktiven Kindern oft der Fall sei. Sie seien teilweise sogar überdurchschnittlich intelligent. Daniels IQ weise einen sehr guten Durchschnitt auf. Ich fragte mich nur, was der IQ mit unserer Problematik zu tun haben sollte. Es ist ein Mosaikteilchen, wie ich mittlerweile weiß. Eine weitere Information des Arztes besagte, hyperaktive Kinder seien genaugenommen das Gegenteil von dem, was sie zu sein scheinen. Sie seien nämlich »übermüde«, und um sich zumindest in gewissen Rahmen konzentrieren zu können, stimulierten sie sich, indem sie überaktiv seien. Zu vergleichen ist dies mit einem Autofahrer, der nach längerer Fahrt müde wird. Er beginnt unruhig auf dem Sitz hin und her zu rutschen, öffnet das Fenster, macht das Radio an, nur damit er nicht einschläft. Er stimuliert sich unbewußt mit Bewegungen (wird hyperaktiv), um seine Konzentration bestmöglich zu erhalten. Ob der Arzt im Zuge seiner Untersuchungen Daniels Gehirnströme gemessen hat und diese in seine Diagnose eingeflossen sind, weiß ich nicht.

Wir konnten es einerseits nicht glauben, andererseits bestätigte es unseren Verdacht, und wir waren sogar froh, endlich jemanden gefunden zu haben, der uns glaubte und uns nicht als »hysterisch« verurteilte. Jetzt hatte das Ding einen Namen. Nun, wir hörten zu, soweit dies möglich war, denn wir waren irgendwie fassungslos. Ich hatte im Grunde nicht damit gerechnet, daß die ganze Problematik auf unser Kind zutraf, und doch habe ich es irgendwie geahnt, aber verdrängt. Ich wollte mich unbewußt gedanklich erst damit befassen, wenn der Arzt meine Vermutung bestätigen würde. Wir ließen uns die Therapiemöglichkeiten aufzeigen, doch diese beschränkten sich laut Kinderarzt auf die Gabe vom Stimulanzien in Form von »Ritalin®«, einem Psychopharmakon, das allgemein zur Behandlung des hyperaktiven Syndroms eingesetzt wird. Wir erfuhren, daß hyperkinetische Kinder paradox reagieren, das heißt anregende Dinge machen sie ruhiger, und beruhigende Dinge ließen sie noch stärker »aufdrehen«. Zu erklären ist das relativ einfach mit dem oben genannten Beispiel des Autofahrers: Da die kleinen Patienten mit Ritalin® »aufgeputscht« werden, müssen sie sich kaum – zumindest aber weniger – selbst stimulieren, diese Aufgabe übernimmt das Medikament. Demzufolge werden sie also ruhiger. Es dämpft ihren Bewegungsdrang und verändert die Gehirnfunktionen.

Der Arzt erklärte uns, daß dieses Medikament in Deutschland einen schlechteren Ruf habe, als es verdiene. In Amerika sei man da viel toleranter. Es bestünde keine Gefahr der Abhängigkeit, und die Nebenwirkungen (verminderter Appetit und infolgedessen auch leichte Gewichtsabnahme, der Hunger würde sich jedoch in der Regel gegen Abend, nach Abklingen der Wirkung, wieder einstellen; des weiteren Einschlafstörungen) seien gering im Vergleich zu den positiven Wirkungen.

Ich hatte mich natürlich vor diesem Gespräch schon einmal ein wenig umgehört und etwas von Dingen wie Ernährungsumstellung, Homöopathie oder Ergotherapie aufgeschnappt. Doch genauere Informationen hatte ich diesbezüglich keine. Meine Hinweise und die damit verbundene Frage nach Alternativen entkräftete der Arzt. Er sagte, es handele sich bei Daniel um eine leichte Gehirnfunktionsstörung. Die im Gehirn vorhandenen Botenstoffe, sogenannte Neurotransmitter, würden bei ihm nur zeitweise oder eingeschränkt produziert werden. Dieses Medikament sei das einzige und vor allen Dingen das beste, was man für »diese« Kinder tun könne. Er räumte allerdings ein, daß wir möglicherweise vielerorts auf Ablehnung stoßen könnten, wenn bekannt würde, daß wir unserem Sohn Psychopharmaka geben. Der Begriff Psychopharmaka löse eben vielerlei Bedenken aus. Wir müßten uns jedoch keine Sorgen machen, meist seien es nur diejenigen Leute, die mit dieser Problematik selbst nie in Berührung gekommen sind, die schlecht über Psychopharmaka reden. Und wir sollten uns überlegen, was denn schwerer wiege: Der Alltag, so wie Daniel und auch wir ihn zur Zeit erleben würden mit all seinen Mißerfolgen, ständigen Ermahnungen und Bestrafungen, oder eben die Tatsache, ein Medikament zu geben, welches zwar nicht den besten Ruf habe, aber in einem Fall wie dem unseres Sohnes doch mehr Gutes als Schlechtes bewirken könne. Er empfahl uns einen Apotheker, der viele Ritalin®-Rezepte – auch von ihm selbst – einlöse und der auf ein solches Rezept nicht jedesmal mit Entsetzen reagieren würde. Er wolle uns helfen, das möglicherweise auftretende Spießrutenlaufen in Grenzen zu halten. Was die Dosierung betraf, erfuhren wir, daß mit einer geringen Dosis begonnen werden muß, eine halbe Tablette am ersten Tag morgens, und daß dann, nach Absprache mit dem behandelnden Arzt, jeden Tag (bei Bedarf) um eine halbe Tablette gesteigert würde, bis die individuell richtige Dosierung erreicht sei. Es würden von Zeit zu Zeit Untersuchungen gemacht, wir sollten uns melden, und er wäre selbstverständlich jederzeit für uns da, sollten wir weitere Fragen haben.

An diesem Abend konnten wir uns nicht für dieses Medikament entschließen und baten uns Bedenkzeit aus. Wir wollten uns wieder melden.

All das war für uns unfaßbar. Wir konnten nicht glauben, was wir heute alles über Daniel, über Kinder wie ihn und ihre Problematik erfahren hatten. Nachdem sich der erste Schreck gelegt hatte, stellten wir fest, daß wir die Möglichkeit, Fragen zu stellen, während des Gespräches zu wenig genutzt hatten; zu groß war die Überraschung beziehungsweise die Tatsache, daß uns bewußt wurde, leider doch das Richtige vermutet zu haben. Doch eines wußten wir: Medikamente, die unter das Betäubungsmittelgesetz fallen, wollten wir unserem Kind nur geben, wenn sich wirklich keine andere Möglichkeit finden würde. Wir machten uns viele Gedanken. Es dauerte etwa zwei Wochen, bis wir uns schweren Herzens doch durchrangen, Daniel Ritalin® zu geben. Zwar hatten wir unsere Meinung keineswegs geändert, doch hielten wir es auch für hinderlich oder gar falsch, ihm einen Weg zu verbauen, der ja angeblich für ihn der einzig richtige war. Nur weil wir vielleicht damit nicht klar kamen? Dazu hatten wir kein Recht. Außerdem versicherte man uns, das Medikament sei jederzeit – langsam – absetzbar. »Also gut, versuchen wir's ...«

Vorher wollte ich aber selbst wissen, was bei der Einnahme von diesem Medikament passiert, und machte einen Selbstversuch. Ich nahm sonntags nach dem Mittagessen eine Tablette und wartete, was passierte ...
 Es ging mir immer besser. Ich war so froh, so glücklich und hatte keine Erklärung dafür. Ich war geduldiger als sonst, und Probleme hatten plötzlich einen völlig anderen Stellenwert. Ich war high. Am Nachmittag fühlte ich mich irgendwie zweigeteilt, ohne es genauer definieren zu können. Einerseits war ich froh und glücklich, andererseits waren da plötzlich Bedenken, Zweifel ... Ich war himmelhoch jauchzend und zu Tode betrübt. Alles zur gleichen Zeit. Ich kam auf die Idee, daß meine supergute Laune vom Mittag mit dem Medikament in Verbindung zu bringen sei, und war ein wenig enttäuscht, daß die Wirkung nun offensichtlich nachließ. Es war schön, und es wäre noch schöner, wenn ich mich immer so fühlen könnte. Ich erzählte allen von meinen Empfindungen und war voll des Lobes über Ritalin®. Meine Mutter bekam Angst. Ich konnte das nicht verstehen. So schlimm fand ich das gar nicht. Eher schade, daß nun alles wieder so war wie vorher. Ich versprach hoch und heilig, keine dieser Tabletten noch einmal zu nehmen, was mir meine Mutter nicht

so recht glauben konnte. Später wurde die Erfahrung mit diesem zwiespältigen Gefühl auch einer der Gründe, warum wir Daniel dann doch kein Ritalin® mehr geben wollten. Das würde ja bedeuten, er müßte jeden Tag diese Stunden des Zweigeteiltseins erleben. Diesen Frust darüber, daß Dinge plötzlich abends nicht mehr so einfach klappen wie noch am Mittag. Diese Erfahrung, diese unschönen Gefühle, wollten wir ihm ersparen.

... Doch damals stand, was mich betraf, nun einer Therapie mit Ritalin® nichts mehr im Wege! Das einzige, was mir ein schlechtes Gewissen machte, war die Tatsache, daß es sich hierbei um ein Psychopharmakon handelte und es kein vielleicht sogar naturheilkundliches Mittel gab, das den gleichen oder ähnlichen Effekt hatte. Zumindest kannte ich keines. Zunächst wollte ich Daniel am folgenden Montagmorgen zu Hause lassen, um seine Reaktionen auf das Medikament beobachten zu können. Dies verwarf ich dann wieder mit dem Argument, alles sollte weiterhin so normal wie möglich ablaufen. Natürlich wollte er wissen, was das für Tabletten seien, die er von nun an nehmen sollte. Um eventuellen Anfeindungen gegen ihn und auch gegen uns aus dem Weg zu gehen, erklärte ich, dies seien »Eisentabletten«. Man habe bei seiner Blutuntersuchung festgestellt, daß der Gehalt an Eisen in seinem Blut zu gering sei. Daniel war mit dieser Antwort zufrieden ... Wir hielten uns selbstverständlich an die empfohlene Dosis und die Zeiten, zu welchen er die Tabletten nehmen sollte. Ich kaufte mir eine neue Armbanduhr, die ich so einstellen konnte, daß sie zu gegebener Zeit Alarm schlug. So war ich etwas beruhigt, denn ich hatte große Angst davor, die Medizin einmal unpünktlich zu geben oder gar ganz zu vergessen. Zu groß war meine Furcht vor Ritalin®.

Ein anderes Kind

In den ersten beiden Tagen von Daniels Therapie beobachtete ich ihn mit fragwürdigen Blicken. Er war anders als sonst, komisch; wir hatten ihn so noch nie erlebt. Er war zwar zu diesem Zeitpunkt nur leicht verändert, doch so kannten wir ihn nicht. Er spielte etwa zwanzig Minuten am Stück. Alleine! Völlig fremd. Ein neues Gefühl. Irgendwie war er aber schon nicht mehr so ganz »unser« Kind! Er war so anders, aber genauer beschreiben konnten wir es nicht. Es lief nicht schlecht, es war eben ein völlig neues Gefühl, mit dem wir uns erst anfreunden mußten. Wir meldeten uns nach zwei Tagen, wie vereinbart, bei unserem Kinderarzt und berichteten, wie es Daniel und uns ergangen sei. Der Arzt war zufrieden, alles schien normal zu verlaufen. Ich erzählte froh, daß Daniels Appetit in keiner Weise gelitten habe, und Einschlafstörungen hatte er sowieso schon vorher. Es waren zwar irgendwie zwei unheimliche Tage für uns gewesen, doch wir dachten, einfach noch nicht daran gewöhnt zu sein, einen »ruhigeren« Daniel zu haben. Der Doktor riet uns, die Dosis um jeweils eine halbe Tablette täglich zu steigern, die Veränderungen seien noch zu gering, und wir sollten uns weitere zwei Tage später wieder melden. Wir verstanden zwar nicht so ganz, warum die Dosis gesteigert werden sollte, doch trauten wir uns nicht, schon wieder einmal zu kritisieren, zumal wir von unserer Kritik auch nicht hundertprozentig überzeugt waren. Also machten wir weiterhin mit.

Nachdem wir die Dosis also um eine halbe Tablette gesteigert hatten, stellten wir fest, daß unser Junge sehr weinerlich wurde. Bei der kleinsten Kleinigkeit. Wir riefen umgehend unseren Kinderarzt an und erfuhren, daß dies ein Zeichen dafür sei, daß die für Daniel richtige Dosis noch nicht erreicht war. Im Beipackzettel des Medikaments las ich unter diversen anderen Nebenwirkungen auch von Weinerlichkeit. Es könne sich um eine zu hohe Dosis handeln, und man solle umgehend Rücksprache mit dem Arzt halten. Dies hatten wir ja getan, doch entgegen unseren Erwartungen wurde die Dosis weiter gesteigert. Wenn wir Bedenken äußerten, entgegnete uns der Arzt, daß wir von Anfang an gegen das Medikament gewesen seien, und daß sich unsere Zweifel über diese Art der Therapie auch wohl noch nicht gelegt hätten. Es sei sehr schwierig für ihn, ohne volle Unterstützung der Eltern zu behandeln.

Aus seiner Sicht gesehen, mag das so gestimmt haben. Aber war es nicht unser gutes Recht, stets unsere Entscheidung, unserem Kind das Medikament zu geben, neu zu überdenken, stets zu prüfen und uns nicht blindlings darauf zu verlassen? Es handelt sich bei dieser Art von Medikament ja nicht gerade um Vitaminpillen! Wir machten weiterhin mit, wenn auch mit immer größerer Abneigung.

In der Tat nahm Daniels Appetit stetig ab. Wir aßen teilweise abends um neun Uhr zu Abend, um ihm die Möglichkeit zu geben, seinen Kalorienbedarf zu decken. Es hieß ja auch, mit Abklingen der Wirkung steige der Appetit. Doch das konnten wir nicht erkennen. Es gab Schreie und Ermahnungen, um ihn zum Essen zu bewegen. Jede Mahlzeit wurde zur Tortur. Irgendwann hatte er dann große Schatten unter den Augen, wog bei Abbruch der Therapie (nach etwa dreieinhalb Monaten) nur noch siebzehn Kilogramm(!), und das im Alter von fast sechs Jahren.

Daniel konnte nicht mehr so schön mit seinen Bausteinen bauen, brachte auch nach geraumer Zeit nichts mehr damit zustande. Er war zwar alles in allem jetzt länger in Ruhe beschäftigt, doch Aufwand und Ergebnis standen in keinem Verhältnis mehr zueinander. Manchmal hat er einfach nur in seinen Bausteinen gewühlt. Völlig monoton. Gewühlt, nur gewühlt. Wenn Daniels Freund ihn besuchte, der ihm sonst wirklich über alles ging, dann zog er sich so weit zurück, daß der Freund sich Jonas zuwandte, weil Daniel nur in seinem Zimmer saß.

Es kam auch vor, daß ich plötzlich Teppichfransen im Kinderzimmer fand. Daniel hat sich an dem Teppich zu schaffen gemacht oder hat, einfach nur so, ein großes Loch in die Bettwäsche gemacht oder Bilder von der Wand gerissen. Nicht im Rausch oder im Wahn, nein, keineswegs. Er wußte mit sich nichts mehr anzufangen. Er wußte selbst gar nicht, was mit ihm los war, kannte sich selbst nicht mehr. Und da hat er, in aller Ruhe zwar und doch beängstigend für uns, seine Sachen zerstört: Er hat Kabel an Spielsachen durchgeschnitten usw. Wir entdeckten jeden Tag neue, unheimliche Verhaltensweisen an ihm. Wenn wir zu Besuch waren oder selbst Besuch hatten, saß er die meiste Zeit unter dem Tisch oder hat sich hinter Gardinen versteckt, war völlig ruhig und verschlossen. Uns wurde angst und bange.

Daniel war längst nicht mehr das Kind, das wir kannten und das wir liebten. Er hatte sich zu einem Zombie entwickelt, er war uns völlig fremd geworden. Verschiedentlich wurden wir auch von Leuten gefragt, was mit ihm los sei. Sie wußten ja teilweise nichts von irgendwelchen Tabletten (wir hatten es nicht an die große Glocke gehängt, sondern nur wirklich nahen Verwandten und Bekannten von der medikamentösen Behandlung erzählt) und konnten sich somit keinen Reim auf das Verhalten unseres Sohns machen. Die meisten kannten ihn ja schon von Geburt an, und plötzlich war er ein ganz anderer Junge. Wir entschlossen uns, den Arzt zu Rate zu ziehen, und ich rief ihn noch am Abend an. Er meinte, die richtige Dosis sei für Daniel eben noch nicht gefunden, und wir sollten die Dosis abermals steigern!!

Also, das gab es doch nicht! Für uns deutete alles darauf hin, daß Daniel zu viele Tabletten nehmen mußte, und der Arzt sagte uns, es seien zu wenige ... Das konnten wir nicht verstehen. Der Doktor blieb bei seiner Empfehlung und machte uns darauf aufmerksam, daß er Kinderarzt sei und es ihm nur um das Wohl des Kindes ginge. Er gebe die Tabletten nicht, damit die Eltern ein angenehmeres Leben mit ihrem hyperaktiven Kind haben. Das Kind stehe für ihn im Vordergrund (an sich keine falsche Einstellung), und er als behandelnder Arzt halte es für angemessen, die Dosis zu steigern. Wir hätten die Möglichkeit, unsere Einstellung noch einmal zu überdenken und ihm zu vertrauen. Doch wir empfanden die Dosis als eindeutig zu hoch.

Ich vereinbarte einen weiteren Termin mit ihm, an dem ich die ganze Angelegenheit noch einmal von Angesicht zu Angesicht besprechen wollte. Mein Ziel war, ihn vielleicht davon zu überzeugen, die Dosis zu senken. Doch der Arzt weigerte sich, mit einer Minderdosierung (so nannte er unsere Bitte, wieder auf eine halbe Tablette zu gehen) weiterzubehandeln, und erklärte uns freundlich, er sei nach wie vor jederzeit für uns da, nur eben nicht unter solchen Voraussetzungen. Wir müßten schon Vertrauen zu ihm haben und zu ihm und seiner Behandlungsweise stehen. Ich fragte ihn noch einmal nach eventuellen Alternativen; doch das einzige, was er mir gab, war ein kleines Faltblatt, das ich mir einmal durchlesen solle. Zu Hause stellte ich fest, daß es sich hierbei um ein Infoblatt einer Hausaufgabenhilfe handelte! Was sollte ich damit?? Ansonsten sähe er keinerlei andere Möglichkeit, als daß wir uns mit unserem Problem arrangierten und damit lebten. Ich verabschiedete mich und ging. So viel zum Thema Ritalin®. Nur eines noch: Ich bin nicht grundsätzlich gegen Ritalin®. Doch ich bin der Meinung, daß viel zu leichtfertig mit solch starken Medikamenten umgegangen wird. Von Seiten der Ärzte, aber auch teilweise von Eltern, die sich nur endlich ein Ende der schweren Zeiten wünschen. Ich verstehe das. Doch gerade im Hinblick auf die Kinder scheinen mir Zweifel angebracht. Es scheint, daß einigen Medizinern der Rundumblick fehlt. Es scheint gar nicht zu interessieren, ob es noch andere Möglichkeiten gibt als die, denen sie sich voller Überzeugung angeschlossen haben. Alternativen, die sich links und rechts ihres eingeschlagenen Weges befinden, werden wohl gar nicht erst als solche gesehen und eventuell mit herangezogen. So individuell jedes Wesen ist, so unterschiedlich sind doch auch die Ursachen und Wirkungen bei der Behandlung einer Krankheit.

Die Gabe von Medikamenten wie Ritalin® ist ein ganz großes Problem. Mit Sicherheit gibt es Fälle, bei denen dieser Weg wirklich der einzig richtige ist. Man sollte das keineswegs pauschalisieren. Doch denke ich, daß von den Kindern, die als hyperaktiv diagnostiziert werden, nur ein gewisser Teil dieses Medikament benötigt. Verschiedentlich wird das Verhalten vieler Kinder zusätzlich oder manchmal auch ausschließlich von äußeren Einflüssen bestimmt wie Nahrungsmitteln, Chemikalien oder der familiären Situation. Das ist meine ganz persönliche Meinung. Da denke ich wieder an meine Beobachtungen der Hühner im Gehege. Eigentlich ist die Aufgabe der Gesellschaft, solche Dinge »aufzufangen«. Aber das ist leider nicht möglich. Und heute noch viel weniger als früher. Deshalb wird in vielen Fällen passend gemacht, was nicht paßt und sei es mit Medikamenten. Wobei man natürlich stets abwägen muß, ob die Gabe von Ritalin® in manchen Fällen nicht das »kleinere Übel« ist oder als begleitende Therapieform hilfreich sein kann. Es ist heute einfach nichts Besonderes mehr, Tabletten zu nehmen, die Hemmschwelle hierbei scheint gesunken, und da ist es doch dann relativ einfach, diese fehlende Anpassungsmöglichkeit an die Gesellschaft mit Tabletten zu erreichen. Man muß seinen Lebensstil nicht ändern, die Anwendung ist einfach. Hyperaktive Kinder stören im Unterricht, in Gruppen, sind unzugänglich, nicht oder schwer zu lenken. Viele Eltern gehen arbeiten, haben dadurch weniger Zeit oder sind finanziell zu schlecht gestellt, um Alternativen anzuwenden (viele nicht »nachgewiesene« Therapien, die deshalb nicht weniger hilfreich sein müssen, werden von den meisten Krankenkassen nicht übernommen). Hyperaktive Kinder benötigen so viel Geduld, Verständnis, jemand der »stärker« ist als sie. Sie haben wenig inneren Halt. Mir fällt da als Bild ein kleines Boot ein, das führerlos auf dem weiten Meer dümpelt und nur darauf wartet, daß sich jemand seiner annimmt. Ein Kapitän, der es steuert, durch Sonne und Wind, durch Regen und Schnee und der es dann sicher in den Hafen geleitet.

Was uns betrifft, so mache ich uns insoweit keinen Vorwurf, Daniel dieses Medikament gegeben zu haben, als daß ich dies heute als unsere Chance sehe. Wir mußten diesen Weg gehen, um dahin zu kommen, wo wir heute sind. Ich hätte all diese Erkenntnisse nicht bekommen, hätte ich es nie versucht. Doch empfinde ich unser Abbrechen der Therapie als rechtzeitigen Absprung, wobei auch hier zu sagen ist, daß ich mich hüten werde, »nie« zu sagen. Vielleicht kommen auch wir wieder an einen Punkt, an dem wir unserem Kind Ritalin® geben werden. Doch keinesfalls ohne vorher alle, aber wirklich alle Möglichkeiten voll ausgeschöpft zu haben.

Und jetzt?
So, nun standen wir da. Was konnten wir tun? Von unserem Kinderarzt hatten wir leider keinerlei Unterstützung bei der Suche nach anderen Therapiemöglichkeiten zu erwarten. Ich wußte zunächst nicht, an wen ich mich wenden konnte. Versuche, bei anderen Kin-

derärzten, die mit hyperaktiven Kindern arbeiten, unterzukommen, hatten keinen Erfolg. Keine Annahme mehr von Neupatienten. Nun waren wir an der Reihe.

Mein erstes Buch, das ich eigentlich nach dem Zufallsprinzip entdeckte, hat mich gleich richtig in die ganze Materie hineingezogen. Es war »Das hyperaktive Kind« von Dr. med. Sylvia Franz. Die Autorin zeigt darin auf, wie Eltern das hyperkinetische Syndrom erkennen können und welche Maßnahmen es gibt, damit sich das Kind positiv entwickeln kann. Sie ist selbst Mutter eines hyperaktiven Kindes und hat eine eigene Arztpraxis. Es war eigentlich Zufall, daß ich gerade ihr Buch wählte. Doch war es genau das, was ich jetzt brauchte. Es ist auch für Laien gut zu verstehen und läßt doch keine Therapiemöglichkeit oder eventuelle Ursache aus. Es ist so freundlich geschrieben, und ich hatte zum ersten Mal das Gefühl: Wir schaffen das. Hier wurden uns so viele mögliche Untersuchungen aufgezeigt, auch Therapiemöglichkeiten, und die Literaturhinweise sowie die Adressenliste am Ende des Buches wurden für uns zu weiteren Sprossen, die wir erklimmen konnten. Je mehr ich las, desto klarer wurde mir, was genau mit Daniel los war. Es war, als würde ich mein Kind Stück für Stück näher kennenlernen und auch verstehen.

Ich glaube, es gibt nur wenige Krankheiten, die so viel Eigeninitiative erfordern wie die Hyperaktivität mit all ihren Begleiterscheinungen. Auch wir waren es gewohnt, Hilfe bei verschiedenen Institutionen zu suchen. Das ist völlig normal; ich möchte auch nicht den Eindruck erwecken, als hätten wir plötzlich den Stein der Weisen gefunden. Doch merkte ich auch später immer und immer wieder, daß Ärzte, Ämter usw. nur begleitende Unterstützung geben können. Die Hauptinitiative liegt bei den Eltern. Es ist ihre Pflicht und Schuldigkeit. Selbst wenn der Erfolg vielleicht nur gering ist, so hilft die intensive Beschäftigung mit der Thematik letztlich doch dem Kind. Und sei es nur in dem besseren Verständnis, das man bekommt, je mehr man sich damit beschäftigt. Ich kann jedem nur raten, sich aufs äußerste dafür zu interessieren und zu informieren: in allen Richtungen. Es gibt Situationen, in denen ich mich vor Monaten noch aufgeregt hätte. Über das, was gerade passierte, über das, was Daniel vielleicht gesagt oder getan hat. Doch da ich seine Verhaltensweisen jetzt besser nachvollziehen kann, sehe ich die Dinge aus einem völlig anderen Blickwinkel.

Ich wandte mich an eine Klinik für Kinder- und Jugendpsychiatrie und schilderte unsere verzweifelte Situation. Auf einen Termin, so erfuhr ich, müßten wir etwa drei Monate warten. Ich erschrak. So lange? Das konnte und wollte ich nicht aushalten. Ich wollte nicht tatenlos warten. Zu dieser Zeit war ich sehr deprimiert. Ich hatte bisher niemanden gefunden, der mir helfen konnte. Und jetzt sollte ich drei Monate warten. Ich nahm mir wieder mein Buch und kniete mich in die Adressen- und Literaturliste. Dort fand ich unter anderem die Anschrift eines Labors, das Haarmineral-Analysen erstellt. Endlich, endlich ein Lichtblick. Ich konnte etwas tun. Ich forderte Unterlagen an, schnitt eine Strähne von Daniels Haaren ab und schickte sie noch am selben Tag an das Institut. Jeden Tag rannte ich voller Erwartung an den Briefkasten, ich dachte, vielleicht haben wir Glück, und sie würden gleich beim ersten Anlauf die Ursache finden. Ich war in dieser Hinsicht noch zu naiv, doch befand ich mich auf dem richtigen Weg. Und sei es nur die Erkenntnis, daß einem niemand besser helfen kann als man selbst. Ich fing an zu begreifen, daß wir uns selbst an den Haaren packen und aus dem »Dreck« ziehen mußten.

Die Analyse kam, und ich staunte. Daniel hatte teilweise sehr hohe Werte bei verschiedenen Schwermetallen. Ich wußte inzwischen, daß eine hohe Schwermetallbelastung ein möglicher Auslöser oder Verstärker des hyperkinetischen Syndroms sein können. Was konnte ich nun aber mit dieser Auswertung tun? Da stand ich wieder. Ich ging zunächst zu unserem Hausarzt, doch der belächelte diese Auswertung nur. Also nahm ich mir das Branchentelefonbuch und suchte Umweltinstitute in der Hoffnung, von ihnen Tips über meine weitere Vorgehensweise zu bekommen. Ich erfuhr, daß diese Analyse anhand einer Blutuntersuchung zu bestätigen beziehungsweise zu widerlegen sei. Das verschob ich bis auf weiteres mit der Begründung, zunächst Wege zu finden, die Daniel nicht immer und immer wieder stark forderten. Eine Spritze bedeutete für ihn den reinsten Horror, obwohl er sehr schmerzunempfindlich ist! Es ist wohl jedesmal nur der Anblick der Spritze oder die ganze Atmosphäre in einer Arztpraxis, die ihm Angst machen. Ich wollte also Untersuchungen finden, die ihn zunächst nicht so stark belasteten oder die wir sogar ohne seine Mitwirkung durchführen konnten. Es lag mir immer sehr daran, ihn nicht zu einem Sonderling zu machen. Aus diesem Grund habe ich gelegentlich versucht, zu Ergebnissen zu gelangen, ohne ihn übermäßig zu strapazieren. So haben wir beispielsweise alle unseren Urin testen lassen, da ich ihm das Gefühl geben wollte, daß er sich von uns nicht unterscheidet.

Über die Ärztekammer besorgte ich mir die Anschrift eines Kinderpsychologen und wartete ungeduldig auf den Tag, an dem unser erstes Gespräch stattfinden sollte. Drei Sitzungen fanden schließlich statt, doch viel läßt sich darüber nicht sagen. Der Psychologe konnte die Dinge nicht so sehen, wie wir sie sahen. Für ihn lag des Rätsels Lösung darin, unsere Kinder so oft wie möglich voneinander zu trennen. Um Streitigkeiten unter den Geschwistern zu vermeiden und um damit Harmonie in unser Familienleben zu bringen. Wie ich das organisieren sollte, konnte er mir nicht sagen. Sollte ich mich wie ein Schiedsrichter zwischen die Kinderzimmertüren setzen, immer auf der Hut? Ein Flop auf der ganzen Linie ...

Die nächste Station war eine Untersuchung von Daniels Stuhl. Denn auch ein Pilz- oder Parasitenbefall des Darmes kann Hyperaktivität mit verursachen. Wir haben also Daniels Stuhl und den meines Mannes (seinen nur zum Schein) untersuchen lassen. Doch dieser Test brachte uns auch nicht das gewünschte Ergebnis. Es zeigten sich hier keine Invasionen von Pilzen oder Parasiten, das Darmmilieu war in Ordnung; lediglich Daniels Lactobazillenflora war aus dem Gleichgewicht gebracht. Diese stellten wir mit einem Trinkpulver aus der Apotheke wieder her. Sicherlich war es schön, bei Daniels »Inspektion« auf keinerlei nennenswerte Störungen zu stoßen, doch machte es mir auch Angst: Würde der Kreis sich irgendwann schließen, und würden wir dann letztlich doch wieder bei Ritalin® landen?? Doch bis dahin hatten wir noch eine Menge Möglichkeiten, die es zu nutzen galt ...

Wir stellen unsere Ernährung um
Also war wieder ein Punkt abgehakt. Ich hatte in Gedanken immer eine Liste im Kopf, die wir nach und nach abarbeiten mußten. Zum Schluß, so dachte ich, führen alle Untersuchungen und Therapien zu einem hoffentlich guten Ergebnis. Wir grenzten das Ganze so nach und nach ein.

Das nächste Buch, das ich las und das bald eine große Bedeutung für mich bekommen sollte, war von Dr. Anne Calatin und hieß »Kursbuch Eltern: Das hyperaktive Kind«. Auch hier ging es um Ursachen, Erscheinungsformen und Behandlungsmöglichkeiten. Ich las zum ersten Mal auch von möglichen Einflüssen der Ernährung und entschied mich für die phosphatreduzierte Diät. Diese Diät geht von einem Phosphat-Überschuß aus. Man versucht, die Aufnahme von Phosphat durch die Nahrung einzuschränken. Bereits nach drei Tagen könne man unter Umständen sogar schon die ersten Veränderungen feststellen. Ja, das wollte ich mit uns versuchen.

Dies war der Anfang unserer Ernährungsumstellung. Ich stand zunächst vor einem Berg, über den ich nicht schauen konnte. Aussichtslos schien mir der Weg. Wir waren ganz normale Leute, mit ganz normalen Eßgewohnheiten. Keine Schlemmer, aber auch keine Kostverächter. Wir aßen Fleisch, Kuchen ... Wir kauften im Supermarkt, beim Metzger, Bäcker, wie das eben so ist. Wo sollte ich anfangen? Woraus sollten künftig unsere Mahlzeiten bestehen? Was war wirklich in den verschiedenen Nahrungsmitteln enthalten? Und vor allem aber: Wie sollte ich meinen Kindern beibringen, daß es von nun an keine Süßigkeiten mehr gab, keine Eier, keine Milch? Ich war verzweifelt und wollte schon aufgeben, noch bevor ich begonnen hatte. Ich besorgte mir zwei Kochbücher für phophatreduziertes Kochen. Das eine war von Dagmar Tants mit dem lustigen Namen »Phos & Phati« und das andere von Sylvia Schulz »Phosphatreduziert kochen für das hyperaktive Kind«. In den Büchern klang alles so einfach, auch daß die Kinder sich selbst bald wohler fühlen würden. Doch das traf zu Beginn auf uns nicht zu. Ich mußte neu kochen und einkaufen lernen und wußte nicht, wo ich anfangen sollte. Zunächst ging ich zum Bäcker und erkundigte mich nach den Zutaten im Brot oder woraus eigentlich die Brötchen hergestellt werden. Ich erzählte ihm natürlich, warum ich das alles wissen wollte, doch verstehen konnte er mich nicht so recht. Glutenunverträglichkeiten, ja davon hat er schon gehört, aber Phosphatempfindlichkeit? Nein, das kannte er nicht. Im nachhinein fragte ich mich, was ich eigentlich erwartet hatte. Doch, ja, der Bäcker sagte mir, welche Mehlsorten er benutzt, und klärte mich über die diversen Mehltypen auf. Ich weiß auch nicht, wie ich so naiv sein konnte.

Das war mir alles zu vage. Wenn ich unsere Ernährung schon umstellen wollte, dann mit aller Konsequenz. Auf mögliche Mogelpackungen wollte ich mich nicht mehr einlassen. Klarheit über Inhaltsstoffe mußte schon herrschen. Zunächst einmal hieß es: keine Süßigkeiten, keine Milch, keinen Käse oder Joghurt, keine Eier, keine Lebensmittel, die Zusatzstoffe (die mit E-Nummern gekennzeichnet sind) enthalten. Mein Mann ging zu unserem Metzger, der im Grunde unserem Problem gegenüber recht aufgeschlossen war. Wir erfuhren, daß gerade in Brühwurst gesondert Phosphat zugesetzt würde. Er war bereit, uns Bratwürstchen nach einem Rezept, das wir aus Sylvia Schulzes Buch entnommen haben, herzustellen.

Sicherheitshalber beschloß ich, den Bäckerladen nur noch zum Kauf von Hefe zu betreten. Das tat mir wirklich sehr leid, denn die Bäckersleute kannten mich von Kindesbeinen an und waren auch so etwas wie Bekannte der Familie. Es ging auch hier keineswegs um persönliche Gründe, und ich kann nur hoffen, daß sie mich verstehen. Denn das gesamte Backwerk unseres Bäckers hat uns immer gut geschmeckt. Es ging hier wirklich nicht um Geschmack, sondern darum, das Risiko eines Diätfehlers so gering wie möglich zu halten. Wir beschlossen also, unser Brot von nun an selbst zu bakken. Auch hier fand ich ein wirklich schmackhaftes Rezept in dem

Kochbuch »Phos & Phati«. Später übernahm meine liebe Patentante das Brotbacken für uns. Sie ist gelernte Bäckerin (meine Großeltern besaßen früher die Bäckerei, die dann später von dem erwähnten Bäcker übernommen wurde), besaß die notwendige Erfahrung und mußte sich lediglich nur wieder in Übung bringen. Da sie berufstätig war, hatte ich immer ein schlechtes Gewissen, sie nach Feierabend noch zu strapazieren, doch sie versicherte uns immer wieder, es mache ihr nichts aus. Ich war natürlich dankbar und froh darüber, denn über mangelnde Beschäftigung konnte ich nicht klagen. Also nahmen wir ihr Angebot dankbar an ...

Mein nächstes Etappenziel war der Supermarkt, wo ich wahllos irgendwelche Artikel ergriff und mir die Inhaltsstoffe »vorknöpfte«. Ich war manchmal wirklich fassungslos. Es schien ja wirklich überall Phosphat enthalten zu sein: von der Nahrung über die Zahnpasta bis hin zum Waschmittel. Auch die ganzen Zusatzstoffe, seien es Geschmacksverstärker, Konservierungsmittel oder Farbstoffe, waren irgendwie allgegenwärtig. Zeitweise dachte ich wirklich nur noch: »Nacht umfange mich!«. Ich wußte nicht, wie wir das alles bewältigen sollten. Doch wir haben es geschafft. Es war schwer, keine Frage; und zeitweise war es auch nur eine zusätzliche Belastung für uns alle, ohne daß man die erhofften Erfolge sah. Doch irgendetwas schien sich verändert zu haben. Daniel war nach wie vor hyperaktiv, da biß die Maus keinen Faden ab. Doch sein Jähzorn, seine Unzugänglichkeit hatten sich ganz klar gebessert. Das war doch schon etwas. Auch wenn es dabei geblieben wäre, das alleine wäre die ganze Anstrengung wert gewesen. Wir machten weiter, und je länger es dauerte, um so mehr verlor das Einkaufen und Kochen seinen Schrecken.

Das Essen schmeckte zu Beginn oft fad, irgendwie seltsam, und manchmal war es schlichtweg nicht zu genießen. Doch wir rissen uns zusammen, es würde schon werden. »Wartet nur, bis Mutti den Bogen heraus hat!« Daniel aber, das möchte ich hier betonen, war von Anfang an das Familienmitglied, welches am besten mitmachte, auch das meiste Verständnis zeigte und auch dann noch mit fröhlichem Gesicht über seinem Teller saß, wenn es mal wieder schlichtweg scheußlich schmeckte. Wie oft hat er mir während dieser Zeit beteuert, es schmecke doch gut. Er wollte mich trösten und mir Mut machen. Ich danke ihm dafür. Auch heute noch, muß ich sagen, ist sein vernünftiges Verhalten nur zu bewundern. Für einen fast Achtjährigen einfach toll. Nie würde er irgendwo etwas nehmen, was man ihm anbietet, seien es Essen oder Getränke. Er weiß genau, was er essen kann und was nicht. Ich könnte hier unzählige Situationen aufzeigen, in denen er dankend ablehnte. Nicht leichten Herzens natürlich, es fällt schon schwer. Doch es ist schon super, wie er jedesmal seinen inneren Schweinehund bekämpft und verneint, zum Beispiel bezüglich des leckeren, purpurroten Bonbons, das man ihm vielleicht gerade angeboten hat. Das alles hat er gelernt und mir somit aufgezeigt, daß er eine Menge positiver Eigenschaften hat. Ich bin wirklich dankbar, daß wir all diese, wenn auch manchmal bitteren Erfahrungen machen dürfen. Denn sie alle tragen zu einem besseren Verständnis bei.

In unserem Ort war ein Fest, und wir wollten einmal einen ganz »normalen« Tag mit den Kindern verbringen! Das hieß für uns, mal etwas zu essen, was neuerdings nicht mehr auf unserem Speiseplan stand. Daniel wünschte sich eine Wurst. Wir erklärten ihm, daß die Wurst ohne Ketchup sein müßte und zu trinken gäbe es nur Mineralwasser. Er war bescheiden geworden in seinen Ansprüchen ans Essen und hat sich voller Freude auf unseren Vorschlag eingelassen. Also zogen wir los! Wir kauften ihm seine heiß ersehnte Wurst, doch zuvor gab ich ihm eine Tablette, die den Phosphatgehalt der Nahrung auffangen sollte. Irgendwie hatte ich ein ganz schlechtes Gewissen, als ich ihn beobachtete, wie er seine trockene Wurst aß. Doch er war selig! Nun gut, nach etwa zwanzig Minuten klagte er über Bauchschmerzen. Es tat mir leid, doch gleichzeitig sah ich mich bestätigt, mit der Ernährungsumstellung auf dem richtigen Weg zu sein. Es dauerte nicht lange und Daniel legte sich auf die Bank. Was war das? War das Daniel? Der Springinsfeld? Er wurde müde, hatte nach wie vor Bauchweh und konnte sich so gar nicht motivieren lassen, mit den anderen Kindern zu toben. Wir brachen also vorzeitig unsere Zelte auf dem Fest ab und gingen nach Hause. Am nächsten Morgen wollte Daniel nicht aufstehen. Er sah um Jahre gealtert aus und bat mich, ihn noch schlafen zu lassen, während ich Jonas in den Kindergarten bringen und mit dem Hund Gassi gehen wollte. Das gab es noch nie! Daniel wollte freiwillig alleine zu Hause bleiben und zudem auch noch schlafen?! Es mußte ihm wirklich schlecht gehen. Als ich wieder nach Hause kam, rief ich bei einem Heilpraktiker in unserer Nähe an, der immer wieder gelobt wurde. Ich packte Daniel ins Auto, erzählte wie so oft, was unser Problem und Anliegen sei. Man gab uns reines Calcium mit (um das scheinbar zu hohe Phosphatvorkommen auszugleichen, Phosphat und Calcium stehen in direktem Zusammenhang) und Nachtkerzenöl (für den Stoffwechsel). Darüber hinaus bekamen wir einen Termin für die folgende Woche.

Eine Woche später gingen wir also, wie vereinbart, zu unserem Termin beim Heilpraktiker. Zunächst fand auch hier ein aufklärendes Gespräch statt. Ich erzählte, warum wir gekommen seien, und der Heilpraktiker zählte uns die Möglichkeiten auf, die er für richtig erachtete. Ich hörte zum ersten Mal etwas über die Bioresonanztherapie und wurde auch wieder an die Bach-Blüten erinnert. Mit ihnen hatte ich mich bereits oberflächlich befaßt. Doch durch die Erzählungen des Heilpraktikers motiviert, wollte ich auch diese Art der Therapie wieder näher in Augenschein nehmen.

Bei unserem nächsten Termin in der Praxis machte der Heilpraktiker »Stilleübungen« mit unserem Jungen. Ich hatte den Eindruck, Daniel habe sie mit Spaß mitgemacht, doch kam ich so langsam zu der Überzeugung, daß sich unser netter Heilpraktiker wohl nicht im Entferntesten vorstellen konnte, was es heißt, ein hyperaktives Kind zu haben. Weder im Alltag noch bei den Versuchen, es zu beschäftigen. Stilleübungen, Yoga, Autogenes Training, davon hatte ich natürlich auch bereits gelesen, doch ging es mir erst einmal darum, an unserer und in erster Linie natürlich Daniels Situation etwas zu ändern. Ich wollte der Ursache auf den Grund gehen und nicht das Pferd von hinten aufzäumen. So jedenfalls kam mir die Art von Behandlung vor, die er mit uns anstrebte. Er versprach, sich Gedanken hinsichtlich eines Ernährungsplanes zu machen, und auf meinen Hinweis hin wollte er bei unserem nächsten Termin vielleicht die Bach-Blütentherapie einflechten. Ich war zu diesem Zeitpunkt so niedergeschlagen und sehnte mich nur nach einem Alltag, der für andere so normal erscheint, daß sie ihn nicht mal registrieren, sondern sich womöglich noch über Langeweile und Eintönigkeit beklagen. Ich aber wünschte mir nichts sehnlicher als etwas mehr Ruhe und Frieden für uns alle und etwas weniger Sorgen, nicht ständig neue Dinge in Erfahrung bringen zu müssen oder Einkäufe und Arzttermine organisieren zu müssen, bei denen ich ja niemals meine beiden Kinder mitnehmen konnte. Zu diesem Zeitpunkt hatte ich ein richtiges Kräftetief. Denn es war zu Hause ja nach wie vor kein »Friede-Freude-Eierkuchen«. Es hatte sich wohl etwas geändert, doch nur um eine weitere Nuance, es war ein weiteres Mosaikteilchen hinzugekommen.

Noch vor dem nächsten Termin rief ich den Heilpraktiker an, weil ich mir nie sicher war, welche Lebensmittel ich verwenden konnte, das heißt, welche einen möglichst niedrigen Phosphatgehalt haben. Während dieses Telefonats sprach der Heilpraktiker zum ersten Mal über seine Sichtweise. Er erklärte mir, daß er unser Hauptproblem nicht in der Ernährung sehe, sondern daß es ihm in erster Linie darum gehe, unseren Jungen wieder aufzubauen. Innerlich. Ihm zu mehr Selbstvertrauen zu verhelfen und ihm Möglichkeiten aufzuzeigen, wie er mit sich selbst besser umgehen könnte, ihm etwas mehr Kontrolle über sich selbst zu geben. An sich keine schlechte Idee, doch bin ich der Meinung, daß dies zu früh war oder daß dies begleitend geschehen müsse und als alleinige Maßnahme nicht reicht. Wie schon gesagt, fand ich es wichtiger, an die Ursachen zu kommen und im Anschluß daran solche Methoden wie Stilleübungen einzusetzen. Ich war auch der Meinung, wenn es Daniel erst einmal möglich wäre, sich länger zu konzentrieren, daß ihm dann Dinge besser gelingen und dadurch sein Selbstbewußtsein langsam ein Stück weit von selbst wachsen würde. Dies müßte dann natürlich unterstützt werden. Doch zunächst war es mir wichtiger, ihm zu mehr Ruhe, Konzentration und Ausgeglichenheit zu verhelfen.

Ich bekam so große Zweifel, daß ich den nächsten Termin bei unserem Heilpraktiker nicht mehr wahrnahm ...

Wir testen Nahrungsmittel aus

Als nächstes las ich das Buch von Dr. Anne Calatin zum zweiten Mal und schaute mir auch hier den Adressen- und den Literaturanhang genauer an. Es mußte vorangehen, so konnte es nicht bleiben. Das Ergebnis mußte endlich in ein annähernd zufriedenstellendes Verhältnis zum Aufwand gebracht werden. Wieder einmal mehr oder weniger zufällig entschied ich mich für das Institut für Umweltkrankheiten, das etwa 200 km entfernt lag. Dieses Institut, unter der ärztlichen Leitung des Klinischen Ökologen Klaus-Dietrich Runow (der auch in dem o. g. Buch mit einem Beitrag/Interview vertreten war) schien mir ausgesprochen kompetent zu sein, und so rief ich dort an und bekam für den übernächsten Tag einen Termin! Toll, keine monatelange Wartezeit! Die Dame am Telefon war sehr nett und hörte sich sehr fachkundig an. Ich fühlte mich in meiner Wahl bestätigt, dort an der richtigen Adresse zu sein. Mein Mann nahm sich Urlaub, und wir fuhren bereits zwei Tage später dort hin. Ich packte sicherheitshalber eine Tasche mit allen nötigen Dingen, die bei einem längeren Aufenthalt gebraucht würden. Immerhin lag das Institut nicht eben um die Ecke, so daß eine schnelle Heimfahrt nicht möglich war.

Wir kamen an, und alles sah sehr Vertrauen erweckend aus. Zunächst einmal führten wir ein Gespräch mit dem leitenden Arzt. Wir waren erstaunt, denn – noch nicht so ganz selbstbewußt – hatten wir nicht damit gerechnet, »zum Chef vorgelassen zu werden«. Das nahm uns unsere letzten Zweifel, und wir hatten den Eindruck, nicht zweitrangig zu sein (weil Kassenpatienten, obgleich die entstehenden Kosten hier von uns privat zu übernehmen waren!). Man gab uns das Gefühl, jemand zu sein, man kannte unser Problem nur allzu gut, und man verstand uns. Wir fühlten uns also rundum angenommen. Nach wenigen Minuten jedoch war es Daniel nicht mehr möglich, sich im Sprechzimmer zu beschäftigen, nichts war mehr vor ihm sicher. Der Arzt bemühte sich, ließ Malsachen kommen und war wirklich sehr tolerant gegenüber Daniels Verhalten. Er hatte eben die notwendigen Erfahrungen und Kenntnisse, um auch in solchen Situationen die Ruhe zu bewahren. Er kannte das von Hunderten von Kindern, die wahrscheinlich vor uns bei ihm waren. Er war zu gut »im Bilde«, als daß ihn so etwas aus der Ruhe bringen konnte. Wir beschlossen, daß mein Mann mit Daniel nach draußen gehen sollte, damit der Arzt und ich das Gespräch weiterführen konnten. Ich berichtete, wie so oft, von unserem Anliegen, und er erklärte uns, was getan werden könnte und wie er vorgehen würde. Er sagte, daß den meisten Kindern mit einer Umstellung der Ernährung geholfen werden könne, und daß bei einigen Kindern eine Chemikalien-Sensibilität nachzuweisen sei. Das war das, was ich hören wollte, daran wollte ich mich festhalten. Daß wir zu denen gehören könnten, bei denen all das erfolglos bleiben sollte, das durfte einfach nicht sein. Wir füllten einen Fragebogen mit Fragen nach bisherigen Symptomen, früheren Erkrankungen, eventuell bereits gestellten Diagnosen und Behandlungen aus. Er verschrieb Daniel Vitaminkapseln und erklärte uns, wann und wieviele er davon täglich nehmen sollte. Eine Blutabnahme war erforderlich (für einen Test auf Antikörper im Blutserum), und eine weitere Austestung erfolgte auf unseren Wunsch hin noch in den nächsten Tagen, da wir nun schon einmal dort waren. Diese erfolgte, ebenfalls per Spritze, in den Oberarm. Der Arzt führte uns einen Film vor, in dem der Ablauf einer Austestung zu sehen war, ebenso die Reaktion der Kinder vor und nach dem Test beziehungsweise der Neutralisation. Ich wußte schon, was auf uns zukam, denn Daniels Panik gegenüber Spritzen habe ich nun schon öfters miterleben müssen. Ich dachte mit Schrecken daran, was nun passieren würde ...

Im Anschluß an unser Gespräch wollte man ihm nun also das Blut abnehmen, was sich erwartungsgemäß als äußerst schwierig herausstellte. Er war so »satt« von all den Tests und Untersuchungen, die er allesamt bisher über sich ergehen lassen mußte, und bei dem Wort »Spritze« sah er »rot«. Es dauerte mehr als eine Stunde, bis die Laborantin die ausreichende Menge Blut abnehmen konnte. Daniel schrie, und man wollte uns schon unverrichteter Dinge wieder nach Hause schicken. Ich konnte es nicht mit ansehen und ging nach draußen. Mein Mann blieb bei Daniel und stand die Sache mit ihm gemeinsam durch. Ich war den Tränen nahe. Sollte denn alles schon zu

Ende sein, noch bevor wir richtig begonnen hatten? Als Daniel dann, stolz und abgekämpft, mit einem Pflaster am Arm nach draußen kam, fiel mir ein Stein vom Herzen.

Inzwischen wurde auch geklärt, daß Daniel und ich für zwei Tage bleiben sollten. Mit der Nahrungsmittelaustestung sollte am nächsten Morgen um acht Uhr begonnen werden. Wir suchten zunächst ein Hotel für unseren Aufenthalt und versuchten, uns noch einen schönen Tag zu machen, bevor Daniels Vater nach Hause fuhr. Jonas war ja auch noch da. Ihn hatten wir kurzfristig bei Omi »parken« können. Außerdem mußte mein Mann am nächsten Tag wieder zur Arbeit. Ich war gespannt.

Am nächsten Morgen erschienen Daniel und ich pünktlich im Institut. Die Schwester wollte auch gleich beginnen, um bis zum Mittag möglichst viele Dinge austesten zu können. Jedes Nahrungsmittel mußte etwa dreimal in unterschiedlicher Konzentration gespritzt und im Anschluß daran wieder neutralisiert werden. Oh je, wie nicht anders zu erwarten, ist Daniel total in Panik geraten, und die ersten drei Spritzen hat er sich nur mit »Gewalt« geben lassen, bis er merkte, daß die Nadeln dieser Spritzen dünner waren als beim Blutabnehmen und es somit auch nicht so weh tat. Er hat dann wirklich sehr gut mitgemacht, und bis zum Mittag hatten wir schon einen Geschmacksverstärker (Natriumglutamat) gefunden, der seinem Körper so gar nicht paßte. Er hatte eine Quaddel gebildet. Daß es seine einzige bleiben sollte, wußten wir bis dahin zum Glück noch nicht. Um dreizehn Uhr wurden wir »entlassen« und zogen sogleich ins nächste Restaurant, um unseren Mut mit einem richtig guten Essen zu feiern. Ohne Rücksicht auf Verluste! Das mußte sein!

Am nächsten Morgen ging die ganze Sache von vorne los. Jedoch wurde an diesem Tag nicht ein einziges Nahrungsmittel gefunden, auf das Daniel reagierte. Ich war frustriert. Sollte die ganze Schinderei umsonst gewesen sein? Ich sprach noch einmal mit dem Arzt, und der versuchte, mich zu beruhigen. Er berichtete mir von sogenannten »Spätreagierenden« (es wurde ein Test auf IgG-Antikörper notwendig; IgE = »normalreagierend«, IgG = »spätreagierend«, *siehe auch Seite 162*) und daß noch nicht aller Tage Abend sei. Man könne anhand der Blutabnahme vom ersten Tag einiges abklären. Das Ergebnis würde in etwa zehn Tagen vorliegen. Man wollte telefonieren. Wir sollten erst einmal nach Hause fahren und so weiterleben wie bisher. Das hieß: eingeschränkt Diät leben, ohne genau zu wissen, was erlaubt war und was nicht. Das Institut wartete auf eine neue Untersuchungsmethode, bei der man mehrere Lebensmittel anhand einer Blutabnahme austesten könne. Das wäre eine Menge Schinderei weniger. Wir wollten also warten, und Freitag Mittag holte uns mein Mann wieder ab.

Nach einigen Tagen kam dann das heiß ersehnte Ergebnis des Bluttests. Ich hoffte, daß sich dort eine sehr starke Reaktion auf irgendein Nahrungsmittel gezeigt hätte. Das Weglassen dieses Nahrungsmittels, so hoffte ich, hätte eine große Wirkung auf Daniels Verhalten. Aber es war nichts ... Kartoffeln, Tomaten, Weizen, Haselnüsse, Kakao; alles war o.k. Nur Milch zeigte eine Reaktion im mittleren Bereich als Spätreaktion. Das hieß also, daß unser Sohn spätreagierend war und somit eine verzögerte Reaktion eintrat. Was sich auch später in unserem Alltag bemerkbar machte. In aller Regel reagiert Daniel erst am nächsten Tag auf ein unverträgliches Nahrungsmittel. Diese Reaktion zeigt sich dann in der Verstärkung seiner ganzen Verhaltensweisen, und auch am Sprechen merkt man, wenn er etwas gegessen hat, was ihm nicht bekommen ist. Er lispelt dann sehr stark, und seine Mundwinkel sind verkrampft und zusammengekniffen. Diese späte Reaktion erschwert natürlich das Auffinden von unverträglichen Nahrungsmitteln. Ich legte mir einen Ordner an und begann, haarklein aufzuschreiben, was er gegessen hatte, mit welchen Zutaten ich gekocht hatte. Diese Aufzeichnungen beinhalteten einfach alles, auch Gewürze usw. So war es mir möglich, am nächsten Tag herauszufiltern, an welche Lebensmittel seine Auffälligkeiten geknüpft waren. Dadurch war es auch ein Leichtes, zu erkennen, nach welchem Verzehr er in der darauf folgenden Nacht einnässte.

Ich war froh, überhaupt eine eventuelle Ursache gefunden zu haben. Wir begannen, zusätzlich konsequent milchfrei zu leben. Das hieß, kein Käse, Joghurt oder ähnliches. Das hatten wir ja in der

Vergangenheit zumindest zum großen Teil – mit Ausnahme von Butter – bereits praktiziert. Es heißt, daß Butter bei der phosphatreduzierten Diät relativ gut vertragen wird. Sie war also das einzige, was wir nun noch weglassen konnten. Wir nahmen diese zusätzliche Veränderung in unseren Speiseplan auf und warteten, ob sich irgendetwas verändern würde. Aber leider hofften wir vergebens. Ich rief erneut im Institut an und ließ mir einen Termin geben, um die neue Testmethode anzuwenden, auf die man wartete. Festgelegt wurde ein Tag im Oktober, und ich sah diesem Tag mit Ungeduld entgegen.

Daniel kommt in die Schule

Am 7. September 1997 fand Daniels Einschulung in die Vorschule statt. Bei der vorangegangenen schulärztlichen Untersuchung konnte man keinerlei »Rückstände« feststellen, und meinem Hinweis auf sein Defizit wurde kein Glauben geschenkt. Man konnte es nicht glauben, was ich erzählte. Ich habe das schon vorher kommen sehen. Denn eines hatte ich in der ganzen Zeit gelernt: Daniel war durchaus in der Lage, sich in neuen Situationen oder zu ganz wichtigen Terminen fest im Griff zu halten. Dies haben wir wieder und wieder erlebt. Er verhielt sich dann stets »normal«, eher gewinnend und hatte so gar nichts mehr von seinem einnehmenden, manchmal sogar aufdringlichen Wesen. Er war dann weder hyperaktiv, noch zeigte er sonstige typische Verhaltensweisen. Mehr als lebhaft war er in solchen Momenten nie. Es hat ihn natürlich eine Menge Kraft gekostet, und er fühlte sich unter großem Druck, dem er allerdings über eine gewisse Zeitspanne hinweg gewachsen war!

Auch viele Freunde und Verwandte konnten unsere Meinung so gar nicht teilen. Das ist ein großes Problem, das die Diagnose oft verzögert und erschwert. Am besten, so war meine Erfahrung, man tauchte zu ärztlichen Untersuchungen etwa eine halbe Stunde vor dem vereinbarten Termin auf, dann war Daniel so richtig »aufgetaut« und nicht mehr in der Lage, sich noch länger zusammenzunehmen. Er war so, wie wir ihn immer erlebten. Das Maß, das er ertragen konnte, war erreicht. Es war sicher nicht die feine Art, aber wie ich schon erwähnte, wurden unsere Berichte und Beobachtungen immer wieder bezweifelt. Man wird eben erfinderisch.

Auch der Schuldirektor konnte in der fünf(!)minütigen Untersuchung keinerlei Besonderheiten feststellen und befürwortete Daniels Einschulung in die erste Klasse der Grundschule. Ich war skeptisch, aber auch froh. Endlich mal ein ganz »normaler« Schritt, so wie ihn andere »normale« Familien auch gingen.

Doch bereits am nächsten Tag war ich mir nicht mehr so sicher. Mein Mann und ich besprachen die ganze Sache noch einmal und beschlossen, unseren Sohn zunächst auf eine Vorschule zu geben. Daniel und auch wir hätten somit noch etwas Zeit gewonnen. So kam es also, daß er die Vorschule besuchte.

Die erste Elternsprechstunde nahm ich bereits zwei Wochen nach seiner Einschulung in Anspruch. Ich wollte seine Lehrerin aufklären und sie um möglichst viel Geduld, Einsehen, Kooperation bitten. Ich wollte ihr sagen, daß Daniels Hemmschwellen sehr niedrig seien, er oft auf die unbedeutendsten Dinge überreagiere, eine Konzentrationsschwäche habe und, und, und. Ich war mehr als überrascht, daß die Lehrerin all diese Dinge schon selbst in Erfahrung gebracht hatte. Dafür hatte Daniel bereits gesorgt. Sie war also bestens im Bilde und zeigte auch Verständnis. Sie sagte mir auf den Kopf zu, daß er die erste Grundschulklasse wohl kaum überstehen würde. Nicht aufgrund einer Lernschwäche. Jedenfalls nicht einer herkömmlichen Lernschwäche. Er war einfach nicht »gruppentauglich«, konnte sich nicht konzentrieren, zeigte unsoziales Verhalten seinen Mitschülern gegenüber und forderte stets uneingeschränkte Aufmerksamkeit, war also im Ganzen verhaltensauffällig. Dies alles konnte seine Lehrerin natürlich nicht hinnehmen, auch im Hinblick auf die anderen Kinder, die sie mindestens genauso dringend brauchten wie Daniel. Sie konnte sich den anderen Kindern nicht in der Weise widmen, wie sie es gerne getan hätte und wie es die Kinder gebraucht hätten. Sie empfahl mir, mich bereits jetzt nach einer geeigneten Schule umzusehen, und machte mich auf die Hürden der Bürokratie aufmerksam. Diese Mühlen mahlen bekanntlich sehr langsam, und Zeit hatten wir eigentlich keine. Im günstigsten Falle hätten all diese Dinge schon im Vorfeld stattfinden müssen, aber im Nachhinein war dies nicht mehr zu ändern. Wir liefen ja lange Zeit mit unseren Berichten gegen Wände.

Die Lehrerin wollte außerdem einen Test für Sonderschulbedarf anstrengen (Einzelintegration), um gegebenenfalls eine zusätzliche Lehrkraft für höchstens zehn bis fünfzehn Stunden die Woche für unser Kind zu bekommen (in der Regel, so erfuhr ich, waren es sechs bis acht). Diese Integration wäre für die Gesamtdauer der Grundschulzeit möglich. Das hieß jedoch zunächst einmal, diesen Test zu beantragen, auf dessen Genehmigung zu warten und anschließend einen Termin zu finden. Im Klartext: Unter Berücksichtigung der Bearbeitungsdauer hatten wir keine Zeit zu verlieren, denn die zur Verfügung stehenden Integrationsplätze waren beschränkt. Bei dem angestrebten Test sollte herausgefunden werden, wo Daniels Defizite genau lagen und ob es hilfreich sei, ihn einer Sonderschule »zuzuführen«. Seine Intelligenz würde geprüft ebenso wie seine Fertigkeiten, was Schreiben, Malen oder auch konzentriertes Arbeiten und Zuhören anging. Eine Einzelintegration bedeutet für das Kind eine zusätzliche Lehrkraft, die sich ganz gezielt im Rahmen der genehmigten Anzahl von Stunden (natürlich über die Woche verteilt) mit dem Kind beschäftigt. Das war für Daniel von großer Wichtigkeit, denn es wurde für ihn zur Schwierigkeit, wenn zum Beispiel seine Lehrerin ganz pauschal sagte: »Tisch eins und zwei malen ihr Zuhause und Tisch drei und vier ihr Kinderzimmer«. Noch bevor Daniel realisiert hätte, welcher Gruppe er nun angehörte, würde Unruhe über diese für ihn schwierige Anforderung entstehen, deren Folgen nur allzu häufig auftraten. Er benötigte jederzeit eine ganz persönliche Anleitung, jemanden der ihm sagte, was, wann und wie er etwas tun sollte. Jemanden, der ihn an die Hand nahm und ihn führte, ganz für ihn da war. Das ist natürlich mit einer einzigen Lehrkraft nicht möglich, selbst bei einer in der Vorschule noch akzeptablen Anzahl von Kindern. Da die Grundschule eine noch größere Klassenstärke aufweist, wäre Daniel mehr und mehr überfordert gewesen. Nicht aus Gründen der Intelligenz, sondern auf Grund seiner Möglichkeiten, die im Vergleich zu anderen Kindern eingeschränkt waren. Die Lehrerin wies uns darauf hin, daß es schwer werden würde, eine Grundschule zu finden, die bereit sei, Daniel samt einer Lehrerin zu »integrieren«. Wo doch heute die Klassenzimmer aus allen Nähten platzen, bei immer weniger Lehrkräften und immer weniger Zeit, um individuell auf den Einzelnen eingehen zu können. Sie machte mich gleich darauf aufmerksam, daß unser Antrag möglicherweise zunächst einmal »mangels Geld« abgelehnt werden könnte, wir aber, wie bei solchen amtlichen Bescheiden üblich, Einspruch erheben könnten.

Was ist eigentlich los mit dieser Gesellschaft? Scheinbar wurden irgendwann einmal Schulsysteme erfunden, in denen sich ganz normale, biegsame und anpassungsfähige Kinder gut zurechtfinden konnten. Menschen sind aber nicht alle gleich! Was kann man aber mit den Kindern tun, die nicht einer Fabrikanfertigung gleichen? Statt das Schulsystem zu überdenken und auch für jene Kinder einen Weg zu finden, denen es schwer fällt, leistungsorientiert, teilweise stupide und ohne jeden Platz für Kreativität oder Eigenständigkeit zu lernen, werden diese Kinder notfalls mit Medikamenten gefügig gemacht! Ein Wahnsinn! Kinder wie Daniel, so ist meine Erfahrung, sind sehr kreativ (was einen gewissen Mut zum Risiko voraussetzt, eine ständige Beobachtung des Umfelds und natürlich Einfallsreichtum), sehr sozial (was vielleicht auf den ersten Blick nicht so erscheint), sehr einsatzfreudig (notfalls auch ohne Rücksicht auf die eigene Person) und sehr zielstrebig. Sie sind neuen Dingen gegenüber sehr aufgeschlossen und in kürzester Zeit in der Lage, Dinge zu erkennen und zu realisieren, für die andere sich erst einmal den nötigen Überblick verschaffen müssen. Es fällt ihnen vielleicht schwer, sich auf eine bestimmte Sache längere Zeit zu konzentrieren. Andererseits erfassen sie viele Dinge, die um sie herum passieren, in einem Bruchteil der Zeit, die andere dafür brauchen. Sie sind impulsiv, spontan, keineswegs schwerfällig in Entscheidungen und stets bereit, Begonnenes liegenzulassen und sich neuen, ihnen wichtiger erscheinenden Dingen zuzuwenden. Mit ihnen kann man Pferde stehlen. Langweilig wird es mit diesen Kindern nicht, was ich wirklich auch als durchaus positiv empfinde. Wo doch heutzutage alle Welt auf der ständigen Suche nach neuen, größeren Reizen ist. Hypies haben die Stärke, sich diese Reize zu jeder Zeit und an jedem Ort zu nehmen, wann immer sie sie brauchen. Etwas mehr Kontrolle über sich selbst wäre ihnen zu wünschen, denn zugegebenermaßen ist weniger eben manchmal mehr. Dies schreibe ich mit dem Hintergedanken, daß ihre »Krankheit«, ihre »Störung« vielleicht gar keine ist?! Vielleicht sind sie einfach nur natürlicher, nicht von der Entwicklung der Gesellschaft verändert, sondern dem menschlichen Ursprung einfach nur näher oder ähnlicher?!

Ich las ein Buch von Thom Hartmann mit dem Titel »Eine andere Art, die Welt zu sehen«. Thom Hartmann gibt in seinem Buch praktische Lebenshilfe für aufmerksamkeitsgestörte Kinder und Jugendliche. Sicherlich ist auch das alles nicht so ohne weiteres anzuwenden. Doch gab er mir mit seinem Buch die Möglichkeit, die Dinge in einem ganz anderen Licht zu sehen und ein besseres Verständnis für die Stärken und Schwächen der Betroffenen beziehungsweise deren Verhaltensweisen zu entwickeln.

Daniels Lehrerin gab mir die Adresse einer klinischen Heilpädagogin, die uns eventuell helfen könne, auf unserem Weg unseren Sohn »gangbar« zu machen für diese ach so schöne Welt, diese humane, menschliche, angeblich jeder Andersartigkeit gegenüber tolerant erscheinende Menschheit. Ich besorgte uns wieder einmal einen Termin, und es konnte weitergehen.

Wir erfahren von Daniels Wahrnehmungsstörungen

Unsere nächste Station war also das Institut für klinische Heilpädagogik. Dort arbeitet man mit wahrnehmungsgestörten und auch hyperaktiven Kindern zusammen. Die Heilpädagogin dort war mir sofort sympathisch. Eine zierliche Frau mit grauen Haaren und einer Sanftheit, einer Ausgeglichenheit, wie ich sie mir manchmal für mich wünschte. Nun, sie begrüßte Daniel ganz lieb und reichte ihm die Hand. Ganz zaghaft gab er ihr seine. Er konnte ihr dabei nicht in die Augen sehen, aber das war nicht schlimm. Sie hat es verstanden.

Nachdem alle Formalitäten erledigt waren, gingen wir mit ihr in einen Raum, den sie »Raum für Vorschulkinder« nannte. Und ein solches war Daniel ja nun bereits seit drei Wochen. Sie bat ihn, ihr zu zeigen, welche Gegenstände er aus der Vorschule kannte. Daniel sagte, er würde nicht ein einziges kennen; aber vielleicht lag das an seiner Aufregung und den vielen Dingen, die dort zu finden waren. Die Pädagogin ist dann mit ihm gemeinsam von Regal zu Regal gegangen und hat alle Dinge mit ihm gemeinsam betrachtet und dabei auch Daniel beobachtet.

Wir setzten uns alle an einen Tisch und begannen, uns zu unterhalten. Über die Zeit, als es Daniel noch nicht gab und über seinen Weg zu uns und sein Leben mit uns. Während der ganzen Zeit beschäftigte sie ihn auf ganz besondere Weise mit Spielen, die er noch nie gespielt hatte. Daniel war begeistert. Sie legte ihm vier Holzschienen mit Aussparungen vor, in denen Holzzylinder unterschiedlicher Größen steckten. Diese Schienen nannte sie Klassenzimmer, und die Zylinder waren Schüler. Die vier Schienen stellte sie in Form eines Quadrates zusammen und bezeichnete die Innenfläche als »Schulhof«. Daniels Aufgabe war es nun, zunächst alle Schüler auf den Schulhof zu stellen. Danach sollte er sie wieder in ihre »Klassenzimmer« zurückbringen. Die Kleinsten und Schwächsten zuerst und die Größten und Stärksten zuletzt. Damit wollte sie Daniels Ordnungswahrnehmung und seine Fähigkeit, Formen ihrem Gegenstück zuordnen zu können, beobachten.

Im Anschluß daran bat sie ihn, ein Bild zu malen. Sie sagte genau, was er zeichnen sollte. Sich selbst, unser Haus, einen Baum und unseren Hund. Es wurde ein buntes Bild, so bunt, wie wir es nur selten von unserem Kind zu sehen bekamen. Es gefiel uns sehr. Daß Daniels Zeichnung ein so freundliches, positives Bild wurde und daß er alle an ihn gestellten Anforderungen mehr als zufriedenstellend löste, lag daran, daß er während unseres Termins die sogenannte Einzelzuwendung genießen konnte. Überhaupt war Daniel immer ein relativ angenehmes Kind, wenn er alleine war und somit die Erwachsenen für sich alleine beanspruchen konnte. Da konnte es schon passieren, daß man daran zweifelte, daß er wirklich ein hyperaktives Kind war. Wenn er alleine war, dann gab es zwangsläufig auch wenig Reize von anderen, und es war ihm damit möglich, sich auf sich selbst und auf sein Tun zu konzentrieren. Sowie jedoch nur die kleinste Kleinigkeit hinzukam, war es vorbei. Er konnte sich den Reizen nicht mehr entziehen, und ungestörtes Arbeiten war ihm nicht mehr möglich. Es gelang ihm nicht, sich innerhalb einer Gruppe seinen eigenen Bereich zu schaffen. Doch ist es ungeheuer wichtig, daß er dies lernt. Denn das ganze Leben bringt ihn immer wieder mit den unterschiedlichsten Gruppen in Kontakt: Schule, Arbeit, Familie ...

Dann bat die Heilpädagogin ihn, sich auf den Boden (auf einen kleinen Teppich) zu legen. Dabei ist Daniels Unterhemd etwas aus der Hose gerutscht, was ihr wohl ganz recht war. Er lag nun also auf dem Rücken und hielt seine Hände verschränkt unter dem Kopf. Sie fragte, an welchen Stellen er den Teppich auf seiner Haut spüren könne und ob er fühlen könne, daß sein Hemd herausgerutscht war. Diese Frage konnte er nur teilweise beantworten. Zwar konnte Daniel immer spüren, wann seine Haut den Teppich berührte, jedoch nicht, ob es nun an der Stelle des Körpers, die nicht mehr vom Hemd bedeckt war, wärmer oder kälter sei. Dann sollte sich Daniel in Gedanken in ein warmes Fell kuscheln und brummen wie ein Bär. Ich durfte meine Hand ganz sanft auf Daniels Brustkorb legen, wie ein Blatt, das vom Baum gefallen ist. Daniel mußte dabei seine Augen schließen, und nachdem ich meine Hand wegnahm, bat sie ihn, ihr zu zeigen, wo er noch die Wärme meiner Hand spüren konnte. Das hat wirklich gut geklappt. Klasse. Es war so ruhig in diesem Moment, daß man Daniels Atem hören konnte und ich die Bewegung seines Brustkorbes spürte, wie er sich hob und senkte. Ich bemerkte aber auch seine innere Anspannung ...

Auch wenn es schien, daß sich die Pädagogin mit Daniel spielerisch und belanglos unterhalten hatte, erklärte sie mir hinterher, ihr seien seine Schwierigkeiten, Gehörtes zu verstehen oder zu verarbeiten, aufgefallen. Im Anschluß daran durfte Daniel wieder spielen, damit ich mich noch ein wenig mit ihr unterhalten konnte. Sie zeigte für alles sehr viel Verständnis, doch versäumte sie es nicht, mich aufzuklären und auch Fehler aufzuzeigen. Sie machte mir klar, was ich eigentlich längst wußte oder fühlte: Daniel brauchte unsere ganze Aufmerksamkeit, damit er sich positiv entwickeln konnte ...

Ein Hauptproblem war seine eingeschränkte Körperwahrnehmung. Mir kam das oft wie ein Mantel vor, der ihn umgab und der nichts heraus-, aber auch nichts hineinließ. Daniel war nicht in der Lage, Dinge zu fühlen, die für uns ganz normal waren, und an erster Stelle galt dies für seinen eigenen Körper. Wie schlimm mußte das für ihn sein? Wie sah er unsere Welt, unsere Familie? Wie erlebte er uns Tag für Tag? Wie unverstanden muß er sich oft gefühlt haben?

Nach unserem Gespräch bekam ich noch eine Adresse, an die ich mich wenden sollte. Eine psychiatrische Abteilung eines Krankenhauses. Dort, so sagte sie, gäbe es einen Professor, der sehr einfühlsam sei und der uns auch im Hinblick auf Daniels weitere Förderung helfen könne. Sie sprach von einer täglichen Unterbringung in der Klinik. Daniel könnte dann jeden Nachmittag nach Hause. Der Gedanke war neu und machte mir irgendwie Angst. Ich sollte mein Kind weggeben? Den ganzen Tag? Sicher, andere sind im Internat, aber für mich käme so etwas nicht in Frage. Ich liebe ihn, er gehört zu mir und ich zu ihm. Nun saß ich da, irgendwie machten sich Angst und Zweifel in mir breit. Konnte ich das schaffen? Da war noch Jonas, sein Bruder. Wie würde es werden? Was konnte ich tun?

Heutzutage gibt es für nahezu jedes Problem eine Lösung. Auch für Kinder wie Daniel. Es wird nach einem passenden Schlüssel gesucht. Alles ist so rational bedacht, von all den vielen Stellen und Institutionen, die wir besuchten. Alle wollen helfen, sicher, aber wir waren dabei nur ein weiterer Topf, für den es galt, den richtigen Deckel zu finden ... Wo aber bleibt dabei der Mensch? Wo blieb unser Junge? Was war mit seinen Gefühlen? Wer kennt in der heutigen Zeit seinen Körper schon richtig? Wer weiß mit seinen Schmerzen umzugehen? Das ist heute auch gar nicht nötig. Für alles gibt es eine Tablette, eine Operation, eine Therapie. Das muß nicht unbedingt gut sein. Sicher ist es teilweise ein Segen, daß man heute so viel weiß und helfen kann. Doch dadurch hat man es gar nicht nötig, eins zu sein mit seinem Körper; Schmerz und Leid als einen wesentlichen Bestandteil des Lebens und Erlebens zu akzeptieren. Aus ihm zu lernen, mit ihm zu leben. Wer kann es sich heute schon leisten, nicht hundertprozentig auf Hochtouren zu laufen in einer Zeit, in der alles so sehr leistungsorientiert ist? Also wird passend gemacht, was nicht passend ist. Der Mensch muß allzeit zu größtmöglicher Leistung fähig sein. Deshalb: Bei einer Störung im Getriebe greift man zu einer Tablette oder etwas ähnlichem, bis die Maschine wieder läuft. Und auch bei unserem Kind war das so: Wie bei einer Autoinspektion. Daniel wurde geprüft, getestet, durchleuchtet, ob er auch funktionierte, im Verkehr des Lebens. Alles muß gangbar sein und passen.

Daniel war anders. Na und? Er war doch deshalb keineswegs schlechter. Vielleicht sogar besser. Er kam mir manchmal vor wie ein Barometer, an dem man all die Sünden der Gesellschaft, der Lebensmittelindustrie und auch des kalten Umgangs der Menschen untereinander erkennen kann.

Daniel merkte mit Sicherheit selbst, daß etwas mit ihm anders war. Doch denke ich, dies hätte ihn nicht stören müssen, wenn nicht die Anforderungen der Gesellschaft so auf ein Idealbild fixiert wären. Da dies aber nun einmal so ist, mußten wir das Beste daraus machen. Wir mußten einen Weg finden.

Es tut mir leid, daß er all das durchmachen mußte, doch ich wollte ihm helfen. Ich wollte alles tun, was ihm half, sich so zu erleben, wie er war, sich zu spüren, sich zu lieben, sich zu verstehen. Ihm helfen, einen Platz in der Gesellschaft zu finden.

Eine weitere Enttäuschung
Der Tag, auf den ich so lange gewartet hatte, war gekommen. Wir wollten wieder zum Austesten von weiteren Nahrungsmitteln fahren. Ich war davon überzeugt, auch wenn wir bisher noch keinen überdeutlichen Erfolg hatten, daß eine Hauptursache für Hyperaktivität in äußeren Einflüssen zu suchen ist. Sei es die Nahrung oder

die unterschiedlichsten Chemikalien. Ja, vielleicht können für manche Kinder Dinge unverträglich sein, die für andere ganz gesunde, natürliche Bestandteile des täglichen Lebens sind. Ich rief, als hätte ich es geahnt, vor der Abfahrt noch einmal im Institut an, um zu fragen, ob wir etwas Spezielles mitzubringen hätten. Etwas, was für die Ausführung der neuen Testmethode benötigt würde. Was ich dann hörte, zog mir wieder einmal den Boden unter den Füßen weg. Aber irgendwie wächst man mit seinen Aufgaben, ja sogar durch Rückschläge. Es gibt nichts, was so schlimm ist, als daß man nicht noch etwas daraus lernen könnte. Der Termin wurde abgesagt und in den November 1997 verlegt. Das Gerät, auf das man händeringend gewartet hatte, war noch nicht eingetroffen. Man zeigte viel Verständnis, doch war mir natürlich klar, daß wir nicht die Einzigen waren, die sich in einer solchen Lage befanden. Ich zeigte mich am Telefon tapfer, doch nachdem ich den Hörer aufgelegt hatte, kam erst einmal das große Heulen über mich.

Irgendwie brauchte ich in solchen Momenten eine Aufgabe. Eine Aufgabe, die natürlich mit unserer Problematik zu tun hatte. Ich wandte mich wieder meinen Büchern zu und prüfte, ob ich irgendetwas übersehen haben könnte. Eine mögliche Ursache, die ich vielleicht noch nicht in Erwägung gezogen hatte. Eine Wohnraumuntersuchung! Das war's. Ein Umwelttechniker mußte her! Daran hatte ich bislang noch nicht gedacht! Ich nahm mir das mittlerweile sehr vertraute Branchenbuch zur Hand und fand einen dieser »Umweltpolizisten« ganz in unserer Nähe! Ich rief ihn sofort an, er war sehr nett, wir sprachen eine ganz Weile. Er hatte Verständnis und war auch gut informiert, so fand ich. Die Fragen, die er mir stellte, hätten von einem Arzt sein können. Wir vereinbarten einen Termin. Er wollte sich unser Haus ansehen und diverse Messungen vornehmen.
Samstags war es dann soweit. Ich hoffte, daß er die Hände über dem Kopf zusammenschlagen würde, daß er in unserem Haus eine ganz große Schadstoffquelle feststellen würde. Denn mittlerweile bezog sich meine Abneigung nicht mehr nur auf bestimmte Lebensmittel oder deren Zusätze, sondern ganz allgemein auf Chemie. Sei

es in Kosmetika, Kleidung, Mobiliar, einfach überall. Ich denke, daß es niemals eine Hauptursache gibt, sondern daß sich ein Ursachenkern aus den verschiedensten Zusammenhängen gebildet hat. Ich zog einfach alles in Erwägung.

Schadstoffarmes Wohnen – natürliche Kleidung

Mit einfacher Lösung, großer Wirkung, war es aber auch diesmal nichts. Das Leitungswasser, so wurde analysiert, war in Ordnung. Die Raumluftfeuchtigkeit war o.k., die Luftumwälzung hätte nicht besser sein können. Elektrosmog im »grünen Bereich«. Ganz toll, im Normalfall. Er gab uns einen Meßtest für den Formaldehydgehalt in der Luft (für Daniels Zimmer), doch der war mehr als in Ordnung. Das Einzige, was er beanstandete, waren die Teppichböden in den Kinderzimmern und dem Vorplatz, auch wenn er sich nicht zu der Aussage hinreißen ließ, daß diese ein möglicher Auslöser für Daniels Probleme sein konnten. Sollten wir irgendwann einmal die Matratze erneuern wollen, so sollten wir auf Naturlatex umsteigen, aber Daniels derzeitige sei nicht so schlecht, daß dies umgehend zu erledigen gewesen wäre. Wir sollten auf Turnschuhe verzichten (unter anderem wegen diverser Weichmacher in der Sohle und Farbstoffen) und sollten sowieso grundsätzlich auf Naturkleidung umstellen. Das hieß: Keine herkömmliche Kleidung aus Kaufhäusern, Jeansläden oder sonstwo kaufen.

Also, nun gab es für mich wieder etwas zu tun: Ich deckte mich mit Adressen von Versandhäusern und Läden ein, die Naturtextilien verkaufen, und ließ nicht locker, die Teppichböden zu entfernen. Ich kaufte Daniel direkt ein paar neue Schuhe, natürlich ganz Natürliche. Er brauchte sowieso gerade welche, wieso also noch einmal »Chemietreter« kaufen? Ich war überrascht, denn die Naturtextilien sahen keineswegs so langweilig oder altmodisch aus, wie ich das erwartet hatte. An die Preise mußte ich mich allerdings erst gewöhnen. Doch diesen »Lernprozeß« hatte ich schon einmal durchgemacht, nämlich als ich begann, Supermärkte zu meiden und unsere Lebensmittel konsequent im Naturkostladen zu beziehen. Am

Anfang kam ich immer wieder aus dem Staunen nicht heraus. Doch wie bekanntlich jeder weiß, ist der Mensch ein Gewohnheitstier.

Also, Teppichböden raus, Dielen abschleifen und möglichst natürlich versiegeln. Wir begannen, mehr oder weniger kurzerhand, die Kinderzimmer auszuräumen. Wir wollten beide Kinderzimmer erneuern, zum einen, weil wir auch hier keinen Sonderling aus Daniel machen wollten, zum anderen spielte er natürlich auch oft im Zimmer seines Bruders. Leider konnte sich so kurzfristig keine Firma finden, die unsere alten Dielenböden abschliff, und so mußten wir das gesamte Mobiliar wieder einräumen, bis wir nach einer Woche einen Termin bekamen. In dieser Woche hat Daniel jede Nacht eingenässt. Ich sah das als Zeichen dafür, daß sein Körper anfing, sich mit der Entgiftung der Ausdünstungen der Teppiche zu beschäftigen. Das darauf folgende Wochenende stand also ganz unter dem Zeichen »Allergikerfreundliches Wohnen«. Es dauerte drei Tage, bis die Schleifarbeiten beendet und die Versiegelung getrocknet waren. Dann hieß es für mich: Putzen. Das ganze Haus war natürlich mit feinem Holzstaub übersät. Doch was machte das, vielleicht war dies ein weiteres Puzzleteilchen, das es einzufügen galt?! Der Kreis schloß sich langsam. Doch hoffentlich ging nicht alles in Richtung Ritalin®. Aber wenn es gar keine andere Möglichkeit mehr gäbe, würde ich auch dieses Medikament wieder in Erwägung ziehen. Das ist bis heute so geblieben. Doch bis dahin hatten wir noch ein paar Dinge, die verändert oder getestet werden wollten ...

Ein strahlungsfreier Schlafplatz

Gelegentlich hatte ich schon von Elektrosmog gehört und gelesen. Doch um ehrlich zu sein, habe ich den Berichten darüber nicht allzu große Bedeutung beigemessen. Aber auch was die Bewertung solcher Dinge betrifft, hat sich bei mir einiges geändert. Früher habe ich viele Menschen belächelt, etwa Leute, die Wünschelrutengänger bitten, nach möglichen Wasseradern zu suchen, oder Leute, die sich ausschließlich von Naturkost ernähren und glauben, damit einen Beitrag zum Umweltschutz oder zu ihrer eigenen Gesundheit zu leisten. Ich hatte keinen großen Glauben an die Kräfte der Natur und habe Menschen manchmal sogar als unrealistisch oder manche natürliche Heilbehandlung als Scharlatanerie abgetan (zum Beispiel was die Wirkung von Energiefeldern oder Akupunktur angeht). Ich konnte nur glauben, was ich auch sah oder was ich logisch nachvollziehen konnte. Inzwischen ist diese Einstellung ins Wanken geraten, auch wenn ich nicht sagen möchte, daß ich alle Bedenken über Bord werfen konnte. Ich denke, Zweifel sind auch notwendig, doch sollten sie nicht einen Weg versperren, sondern dazu dienen, Für und Wider abzuwägen. Vielleicht gibt es ja doch Dinge zwischen Himmel und Erde, die von den Menschen nicht zu belegen sind. Vielleicht ist der Mensch ja mehr als nur Muskeln, Haut und Knochen, und vielleicht spielen sich in jedem Dinge ab, die wir nicht sehen oder messen können.

Um also den Elektrosmog (elektrische Strahlungsbelastung), den ich inzwischen als weiteres mögliches Mosaiksteinchen sah, auf ein Minimum zu reduzieren, hatte ich mich mit einem Elektriker in Verbindung gesetzt. Wir wollten eine Netzfreischaltung legen lassen. Sicher ist sicher! Diese Netzfreischaltung hält den Strom im Verteilerkasten zurück und leitet ihn nur zu den Schaltern und Steckdosen, wenn ein Stromnutzer eingeschaltet wird. Beim Ausschalten des Stromnutzers geht der Strom wieder bis in den Verteilerkasten zurück und gibt somit einer Strahlungsbelastung keine Chance. Das heißt, es »steht« kein Strom überflüssigerweise in den Leitungen, wenn er nicht unbedingt gebraucht wird. Gerade in der Nacht wäre Daniels Zimmer strahlungsfrei, was seinem Nervensystem und seinem gesamten Organismus zumindest nicht schaden konnte. Der Körper braucht einen tiefen Schlaf, um sich von den täglichen Belastungen erholen zu können. Aus diesem Grunde wollten wir alles dafür tun, um ihm dabei zu helfen.

Bioresonanz
Dann habe ich mich wieder mit unserem Heilpraktiker in Verbindung gesetzt. Ich wollte nun etwas mehr über die Bioresonanzthe-

rapie wissen. Zusätzlich kaufte ich mir ein Buch von Dr. med. Siegfried Dörfler: »Neue Lebenskraft durch Bioresonanz«. Darin las ich, daß an bestimmten Meßpunkten an den Fingern der Energiewert gemessen wird. Ein Wert über oder unter einer bestimmten Meßgröße zeigt eine energetische Störung an. Bringt man in diesen Meßkreis nun zum Beispiel ein Medikament, ein Nahrungsmittel oder andere Substanzen ein, verändert sich dieser Wert, und man kann somit Rückschlüsse ziehen, ob der untersuchte Stoff gut oder schlecht auf den Organismus wirkt. Man kann auf diesem Weg auch eventuell vorhandene Blockaden im Körper entdecken und den Körper dazu bringen, sich mit diesen näher zu befassen und den »Müll« auszuschwemmen (Entgiftung).

Als Grundlage des gesamten Bioresonanzverfahrens oder als begleitende Maßnahmen werden folgende Aspekte angesehen: Gesunde Ernährung, Behandlungen des Darmes, Freiheit von Strahlungsbelastung, ausreichende Flüssigkeitszufuhr, paraffinfreie Hautpflege, körperliche Bewegung, Behandlung psychosozialer Probleme.

Nun, ein Teil davon war ja nun schon geleistet, so daß der Weg der Bioresonanz für uns nicht mehr allzu steinig war.

Was wird bloß mit der Schule?

Am 16. Oktober 1997 klingelte unser Telefon, kurz bevor Daniel aus der Schule nach Hause kam. Irgendwie wußte ich gleich, wer am Telefon war. Es war seine Lehrerin. Sie erzählte mir von dem absoluten Chaos mit Daniel in der Schule und von einem Federballschläger, den er mutwillig zerstört hatte und den es nun zu ersetzen galt. Weiter ging es mit dem dringlichen Hinweis, mich doch intensivst nach einer anderen Schule umzusehen, so könne es nicht weitergehen. Und da dieser Tag der vorletzte vor den Herbstferien war, sagte sie mir, ich könne Daniel doch am nächsten Tag zu Hause lassen. Sie habe den Eindruck, daß er nicht in Grenzen zu halten sei, weil seine Großeltern zu diesem Zeitpunkt bei uns zu Besuch waren. Deren Anwesenheit und seine außerordentliche Freude darüber würden ihn für jede andere Art von Beschäftigung unzugänglich machen. Er solle also daheim bleiben und sich über seine Großeltern freuen. Sehr verständnisvoll!

Mir kam der Gedanke, daß sie froh war über jeden Tag, den Daniel nicht da war. Nein, das konnte und wollte ich nicht glauben. Sollte ich mich so in ihr getäuscht haben? Sicher meinte sie es gut und wollte ihm die Freude an dem Besuch seiner Großeltern nicht nehmen. Es konnte und durfte nur so sein. Ich setzte mich in den nächsten zwei Tagen ans Telefon in der Hoffnung, einen Menschen zu finden, der uns nun in Sachen Schule weiterhelfen konnte.

Ich rief zunächst bei einem Behindertenwerk an, um zu erfahren, ob es eine heilpädagogische Schule gäbe und welchen Weg wir gehen müßten, um Daniel dort anzumelden. Wir waren zu spät, so erfuhr ich. Wäre uns früher jemand begegnet, der seine Probleme richtig eingeordnet hätte, so hätten wir die Möglichkeit gehabt, eine Frühförderung in Anspruch zu nehmen. Das alles hätte vor Daniels Einschulung stattfinden müssen, doch gäbe es ein Sozialpädiatrisches Zentrum, in dem wir vorstellig werden sollten. Hierzu benötigten wir die Überweisung eines Arztes sowie dessen Bericht und Befürwortung, um dort überhaupt einen Termin zu bekommen. Nachdem ich schon versucht hatte, bei unserem ehemaligen Kinderarzt die Krankenakte zu bekommen und mir dies versagt worden war, wagte ich nicht zu hoffen, von ihm die entsprechenden Unterlagen zu bekommen. Als nächstes rief ich den Professor an, der mir vom Klinischen Institut für Heilpädagogik empfohlen wurde. Die Antwort war sehr »ermutigend«! Man sehe keinen Weg, uns anzunehmen, da wir in einer gesetzlichen Krankenkasse seien. Und auf unseren Vorschlag, die entstehenden Kosten auch privat zu übernehmen, ließ sich der Professor nicht ein. Na, das lief ja wieder alles gegen uns. Irgendwie paßte unser Kind nirgendwo hin, keiner fühlte sich so richtig verantwortlich, alles waren wohl nur Kompromißlösungen (in schulischer Hinsicht), aber alle, alle wollten helfen, und jedem tat es leid ...

Erneut wandte ich mich an unseren Kinderarzt und bat um ein Attest und um Kopien der Krankenunterlagen, insbesondere der Tests, die schließlich zur Diagnose führten. Er war nur zu dem Attest bereit, nicht aber, mir Kopien anzufertigen. Ich bekam eine immer größere Wut auf unseren »ehemaligen«. Sollte das nun seine heimliche Rache sein? Sollte er wirklich so kleinkariert sein? Und wie konnte ich diesem Arzt vertrauen? Oder lag ich völlig falsch, und wir hatten gar kein Recht auf Daniels Akte? Um dies herauszufinden, wandte ich mich an die zuständige Ärztekammer. Ich erfuhr von dort, daß wir sehr wohl ein Recht darauf hatten. Allerdings genau genommen nur auf den Inhalt, nicht aber auf die Akten. Das läge daran, daß ein Arzt einer sogenannten Dokumentationspflicht nachzukommen habe. Diese erstrecke sich auf den Zeitraum von zehn Jahren. Es bestünde jedoch die Möglichkeit, daß ein anderer Arzt diese Unterlagen anfordere und diese Dokumentationspflicht mit Übernahme der Akten auf diesen übergehe. Ich wußte zwar nun, wie man gegebenenfalls weiter vorgehen konnte, doch für den Moment konnte ich damit nichts anfangen.

Ich wandte mich also noch einmal an das Klinische Institut für Heilpädagogik und fragte, ob man denn dort bei dem Versuch, die Krankenakte von unserem Kinderarzt zu bekommen, erfolgreicher gewesen sei. Die Antwort war nicht anders zu erwarten. Auch dort hatte man nur ein karges Fax erhalten, keine Unterlagen! Man gab mir verschiedene Adressen von Kinderpsychologen. Da waren wir schon gewesen! Warum noch einmal alles von vorne beginnen? Ich konnte es nicht glauben! Ich lief gegen Wände, wohin ich mich auch wandte ...

Zu dem folgenden Gedicht möchte ich etwas anmerken: Es drückt meine zeitweilige Stimmung sehr gut aus. Es ist zwar lange vor Daniels Geburt entstanden, doch kann ich mich gelegentlich noch gut damit identifizieren. Diese Phasen müssen sein. Daraus kommt meine Stärke, und ich kann mich danach an Tagen, die ihm gut gelungen sind, noch mehr erfreuen. Was wäre ein Sommer ohne Mücken?!

***

So lauernd liegt die Welt
Von Grau umgeben, Regen fällt.
Der Wind schleicht um die Ecken
spielt mit den letzten Blättern
die gestern noch am Baum.
Eine Katze kraftlos müde
sucht sich ein Versteck und
zieht sich in einen Häuserspalt zurück.

Auf der Parkbank sich mit letzter Kraft
eine Zeitung hält.
Alt und ohne Buchstaben.
Sie muß sich halten
denn sowie sie losgelassen
der Wind sein Spiel mit ihr treibt.
Und Häuser stehen ruhig und gelassen
und hier und da ein schwaches Licht
und irgendwo in dieser Stille
ein Wimmern ist zu hören.
Von einem Kind, das noch nicht weiß:

Vom Leben das schon lauert
und ohne Versteck
ohne Halt
sein Spiel mit ihm treibt.

November 1990

Zu meiner Verzweiflung kam jetzt auch noch die Wut. Ich wollte nicht ungerecht werden, denn das warf ich ja den einen oder anderen Institutionen, Ärzten, Menschen vor. Doch ich muß sagen, es gibt Menschenrechtsorganisationen, Wohltätigkeitsverbände und Hilfsorganisationen. Man faselt von den Grundgesetzen und gaukelt den Menschen vor, für alles eine Lösung parat zu haben. Das Weltall ist längst nicht mehr sicher vor der Menschheit, und auch die eine oder andere Krankheit hat ihren Schrecken verloren. Man fliegt am Himmel, hat die Schwerkraft überwunden. Boden, Wasser, Luft, alles ist kein Hindernis mehr. Je mehr ich darüber nachdachte, desto mehr wurde in mir die Frage laut, was eigentlich der wirkliche Fortschritt der Menschheit ist und ob es den überhaupt gibt. Entwickeln wir uns nicht auf irgendeine Art und Weise zurück? Sicher nicht, was Wissenschaft und Technik betrifft, was aber ist mit dem Interesse am Menschen? Dem wirklichen Interesse am Menschen?

Jetzt erschrak ich schon vor mir selbst. Ich klang so verbittert. Das wollte ich nicht sein. Es ging ja auch in keinster Weise um mich! Doch wütend, wütend wurde ich, je mehr mir bewußt wurde, daß wir von irgendwelchen Bestimmungen und Vorschriften abhängig sind. Möglicherweise eine späte Erkenntnis, doch muß man wahrscheinlich selbst erst in eine scheinbar vertrackte Situation kommen, um sich dessen bewußt zu werden. Wer fühlt sich eigentlich wirklich verantwortlich für Kinder? Gerade für die, die nicht so anpassungsfähig sind? Kann es denn sein, daß Eltern, die bereit sind, alles für ihre Kinder zu tun, an irgendwelchen organisatorischen Hürden scheitern?

Einzelintegration als Ausweg?
Ich besorgte mir über unseren Hausarzt eine Überweisung und machte einen Termin im Sozialpädiatrischen Zentrum. Hierzu bleibt mir nur zu sagen, daß Daniel mittlerweile zum drittenmal von oben bis unten getestet wurde. Zudem mußte er auch hier wieder ein Bild malen. Er sollte sich vorstellen, ein Zauberer habe seine Familie in Tiere verwandelt und nun sollte er uns als Tiere malen. Es wurde ein

sehr schönes Bild. Am Himmel flog eine Ente (das war ich) und direkt hinter ihr ein Adler (das war sein Vater), beide flogen in die gleiche Richtung, verfolgten scheinbar das gleiche Ziel. Auf der Erde stand in der Mitte der Zauberer und links und rechts von ihm standen ein Elefant (das war Daniel) und ein Hund (das war Jonas). Die Ärztin erklärte mir das Bild folgendermaßen: Die Ente am Himmel war richtungsweisend, und der Adler hinter ihr schien sie beschützen zu wollen (der Adler, sein Vater, Daniels Symbol für Mut und Kraft). Die Tiere am Boden blickten in entgegengesetzte Richtungen (die Streitigkeiten der Brüder und doch das Beisammensein). Der Elefant (Daniel) verkörperte dabei das Schwerfällige, das Plumpe, sich schwer bewegen können, den »Elefant im Porzellanladen«. Der Hund (Jonas), ein Springinsfeld, leichtfüßig, hüpfend, Hindernisse scheinbar mühelos überspringen könnend, über Stock und Stein, fröhlich.

Ich war erstaunt und konnte diese Erklärung nur allzu gut auf unseren Alltag übertragen. Das Ergebnis der Untersuchung war mir natürlich schon vorher klar, doch hatte ich mir hier eigentlich eine Antwort auf die Frage nach der für Daniel geeigneten Schule erhofft. Doch auch hier erfuhr ich von der Einzelintegration, die ich ja bereits durch die Lehrerin kennengelernt hatte. Und daß dies in unserem Landkreis wohl die einzige Möglichkeit sei. Denn eine Sonderschule für Lernbehinderte kam nicht in Betracht, weil Daniel dort möglicherweise unterfordert gewesen wäre und dies sein Verhalten und damit den gesamten Schul- und Unterrichtsablauf negativ beeinträchtigen könnte. Letztendlich bekamen wir wieder Ritalin® nahegelegt, doch das habe ich abgelehnt. Noch ... Ich dachte, es müsse doch in erreichbarer Nähe eine Sonderschulform geben, die für ihn die Richtige sei?! Daß er auf einer Regelschule früher oder später untergehen würde, konnte ich mir zu diesem Zeitpunkt noch gut vorstellen.

Rein zufällig traf ich den Vater eines früheren Schulkameraden wieder. Irgendwie kamen wir auf unser Problem zu sprechen, und er riet mir, mich bei nächster Gelegenheit mit seiner Frau zu unterhalten. Sie arbeite in der Frühförderung, wenn auch nicht in unserem zuständigen Landkreis. Doch könne sie mir vielleicht auch den einen oder anderen Tip geben. Nach ein paar erfolglosen Anläufen hinsichtlich eines passenden Termins traf ich mich etwa zwei Wochen später mit ihr. Sie brachte mir Daniels Wahrnehmungsstörungen auf verständliche Weise noch einmal näher und machte mir auch die Dringlichkeit einer Therapie deutlich. Sie erklärte mir, daß es für ihn zum Beispiel nicht möglich sei, durch Hochheben eines Gefäßes festzustellen, ob das Gefäß nun halb leer oder noch fast voll ist. Daß für ihn dies nur durch Hinsehen wahrnehmbar sei. Sie riet mir, nebenbei im Alltag therapeutische Maßnahmen zu ergreifen, zum Beispiel Gefäße zu verwenden, die einen Blick auf den Inhalt nicht zulassen. Oder mir beim Schälen einer Orange sehr viel Zeit zu lassen und ihm somit unterschwellig nahezubringen, daß eine Orange duftet, das heißt unter anderem auch seine Geruchswahrnehmung zu fördern. Eben all solche Dinge in unseren täglichen Ablauf mit einfließen zu lassen, die der Förderung seiner gesamten Wahrnehmungen dienlich sind. Ich erzählte ihr, wie schön Daniel malen könne, wenn ich direkt neben ihm saß und ihm genaue Anweisungen gäbe: »Kleine Striche, dünner Stift, langsamer ausmalen«.

Sie erklärte mir dies damit, daß es für Daniel sehr schwer sei zu planen, wie ein Bild auf Papier umzusetzen ist. Zwar hätte er eine Vorstellung im Kopf, doch würde die Realisierung für ihn zum Problem. Da wäre es gut, daß ich ihn anleite, wie er sein Ziel am besten erreicht. Die Ausführung selbst wäre dann wieder weniger schwierig. Auch sei sein sehr großes Interesse am Spiel mit Bausteinen, die aneinander gesteckt werden, deshalb so groß, weil er nach den meist beigefügten Anleitungen »nur« auszuführen hätte. Das Planen würde in diesem Moment von der Anleitung übernommen. Nun gelte es, ihm zu zeigen, selbst zu planen. Vorstellung, Planung, Ausführung. Auch sagte sie mir, daß ein eng abgesteckter Ablauf sehr wichtig für ihn sei. Das hatte ich allerdings schon in eigener Regie festgestellt. Wenn für Daniel Situationen oder Menschen und deren Reaktionen gut kalkulierbar waren, dann fühlte er sich sicherer als in einer wachsweichen Situation. Ich sehe diesen eng abgesteckten

Rahmen als eine Art Geländer, an dem er sicher entlang gehen und sich jederzeit festhalten konnte. War dieses für ihn so wichtige Geländer auch nur für einen Moment unterbrochen, schien er in ein tiefes Loch zu fallen, und es kostete ihn jedesmal eine Menge Anstrengung und Zeit, um wieder aufzustehen.

Ich sollte mich also umgehend darum kümmern, einen Ergotherapieplatz zu finden. Auch sie sagte mir, daß das Beste, was wir erreichen könnten, eine Einzelintegration sei. Es sei aber schwierig, eine Schule zu finden, an der dies möglich ist ...

Die Lehrerin ruft wieder an

Eines Mittags rief Daniels Lehrerin wieder an und erzählte mir, daß sich nichts an seinem Verhalten in der Schule geändert habe. Er sei nach wie vor wechselhaft, impulsiv und vor allen Dingen nicht in der Lage, sich zu konzentrieren. Sie wüßte im Moment keinen Ausweg. Der Unterschied zwischen Daniel und seinen Klassenkameraden würde immer größer. Daß er immer weiter zurückbleiben würde, nicht mangels Intelligenz, sondern aufgrund seiner zu kurzen Aufmerksamkeitsspanne. Es käme zu immer mehr Flüchtigkeitsfehlern, die im Hinblick auf die kommende Benotung an einer Grundschule fatale Folgen haben könnten.

Sie hatte sich in der Zwischenzeit mit dem Schulrektor in Verbindung gesetzt, und wir vereinbarten, uns bei nächster Gelegenheit zu dritt zusammenzusetzen. Wir wollten gemeinsam überlegen, was zu tun sei. Die Austestung auf Sonderschulbedarf würde erst in einigen Monaten stattfinden. Sie wies mich nochmals auf die Schwierigkeiten hin, die es bei der Suche nach einer Schule mit Einzelintegration gäbe. Denn eine integrierte Klasse dürfe nur eine bestimmte Anzahl an Kindern aufnehmen, und dies sei eben ein großes Problem, da viele Schulen von Grund auf Schwierigkeiten haben, die große Menge an Schülern unterzubringen und auch Klassenlehrer zur Verfügung zu haben.

Sollte sich keine Schule finden, die bereit wäre, Daniel in eine Klasse zu integrieren, so bliebe uns nur die Sonderschule für Lernbehinderte, wenn tatsächlich bei der Austestung auf Sonderschulbedarf herauskäme, daß dies die für ihn geeignete Schule sei (... was jedoch nicht sein mußte, denn wie wir in der Vergangenheit ja nun schon öfters erlebt hatten, war er durchaus in der Lage, für einen gewissen Zeitraum sein Bestes zu geben). Am Ende könnte der Pädagoge, der zur Austestung in Daniels Klasse hospitieren würde, unser ganzes Problem gar nicht als ein solches sehen, weil Daniel vielleicht gerade da einen guten Tag hatte. Nun fragte ich mich, ob letztlich doch Ritalin® unsere allerletzte Sprosse bilden würde?! Unser allerletztes Mosaikteilchen?!

Ernährungsumstellung – das A & O

Was unsere häusliche Situation betrifft, so kann man sagen, daß wir ein Riesenstück weiter gekommen sind. Was wir durch die Ernährungsumstellung erreicht haben, hatten wir per Medikament nicht geschafft. Ritalin® hatte einfach nur die Hyperaktivität gedämpft, aber unsere Art der Ernährung hat viele Dinge verändert. Daß es für die Schule nicht ausreicht, ist eine andere, wenn auch nicht zu unterschätzende Tatsache.

Unser Weg war lang und auch von vielen Phasen der Hilflosigkeit und der Resignation begleitet. Das ist einfach so, und es wäre hochmütig zu sagen, daß es diese Zeiten bei uns nicht gegeben hat oder es sie auch in Zukunft nicht immer wieder geben wird.

Nach allem, was wir durch die Umstellung unserer Ernährung gelernt und erlebt haben, sind wir zu dem Schluß gekommen, daß die Ernährung mit Sicherheit einen Löwenanteil an den Symptomen des hyperkinetischen Syndroms ausmacht. Hinzu kommt, daß das Umfeld mit Maßregelungen, Verboten und sonstigen Erziehungsversuchen (aus Unwissenheit oder Hilflosigkeit) reagiert, und daraus entstehen dann verschiedene Verhaltensmuster, die zwar ihren Ursprung natürlich alle in der Nahrungsmittelunverträglichkeit haben, jedoch »Begleiterscheinungen« sind. Irgendwann ist es schwierig oder unmöglich, zwischen Ursache und Wirkung zu unterscheiden. Es ist eine richtige vertrackte Situation, in denen sich die Kinder und ihre Familien befinden, ein Kreislauf, den es unbedingt zu unterbrechen gilt.

Vom Beginn unserer Ernährungsumstellung bis zum jetzigen Zeitpunkt, da ich diese Zeilen schreibe, sind rund zwanzig Monate vergangen. Ich will nicht leugnen, daß ich während dieser Zeit mehr als einmal daran gezweifelt habe, ob dies auch wirklich der richtige Weg ist. Einfach deshalb, weil uns in dieser ganzen Zeit die Umstellung aufgrund fehlender Erfolge eher wie eine zusätzliche Belastung erschien. So gute Ergebnisse, wie sie in vielen Ratgebern nachzulesen sind, konnten wir lange nicht verzeichnen. Doch was blieb uns anderes übrig, als daran festzuhalten?? Unsere einzige Alternative war doch wirklich nur die medikamentöse Therapie, und diese stand, und das tut sie auch heute noch, stets an allerletzter Stelle. Wir wollten alles, wirklich alles dafür tun, diese Alternative nie nutzen zu müssen. Zwar halten wir uns diese Möglichkeit auch heute noch offen. Man weiß nie, was noch kommen wird. Doch aus dem jetzigen Zustand heraus ist es sogar eine Beruhigung, daß uns noch eine Alternative offenbleibt, auch wenn dies eine sehr unangenehme wäre. Doch für uns zählt jeder Tag, den unser Kind ohne Psychopharmaka verbringen kann. Und wenn eines Tages doch alle Stricke reißen sollten, dann müssen wir uns nicht vorwerfen, nicht alles für unser Kind getan zu haben, um ihm diesen Weg zu ersparen. Doch geht es hier in keiner Weise darum, uns und unser Gewissen zu beruhigen.

Unsere Ernährungsumstellung begann – wie wahrscheinlich bei vielen – mit der viel gepriesenen phosphatreduzierten Diät. Grundsätzlich möchte ich dazu sagen, daß diese Form der Nahrungsumstellung richtig ist, jedoch nur bei einer gewissen Anzahl von Kindern Erfolg hat. Der weitaus größere Teil leidet unter ganz individuellen Unverträglichkeiten, die in der phosphatreduzierten Diät nicht berücksichtigt sind. Sollte die Ursache wirklich in einem Zuviel an Phosphat liegen, ist dies eine wunderbare Diät. Ich persönlich empfinde diese Form der Ernährung allerdings weitaus schwieriger zu leben als eine Rotationsdiät.

Prioritäten setzen

Ein Teil meiner Freizeitbeschäftigung bestand zu Beginn unserer Ernährungsumstellung darin, Supermärkte und alle anderen Geschäfte zu durchlaufen und immer den Blick auf die Zutatenliste zu werfen. Preise wurden zunächst einmal zweitrangig, obwohl es nicht gerade so ist, daß Geld für uns keine Rolle spielt. Ganz klar ist, daß keine andere Therapiemöglichkeit einen so großen Einsatz der ganzen Familie fordert wie die der Ernährungsumstellung. Doch muß man sich irgendwann die Frage stellen, was man wirklich will. Und es ist auch absolut notwendig, Prioritäten zu setzen. Wir fahren nicht in Urlaub, und auch ein Zweitwagen ist Utopie. Unser Kleiderschrank würde sich sicherlich gelegentlich über ein neues Stück freuen, doch sind das Dinge, die nicht wirklich vonnöten sind. Uns war jederzeit klar, daß wir alles, wirklich alles dafür tun würden, um unseren Sohn von einer medikamentösen Behandlung weitestgehend zu verschonen oder Ritalin® nur als unterstützende Maßnahme zu geben.

Ich weiß natürlich, daß es Familien gibt, für die es wirklich keine andere Lösung gibt. Ich will mich niemals erheben und über andere und deren Situation urteilen. Doch habe ich oft den Eindruck, daß die Frage der Prioritäten nicht richtig durchdacht wird. Daß ernährungsbedingte Untersuchungen nur in gewissem Rahmen von den Krankenkassen unterstützt werden, ist nur allzu beschämend. Man wird in seiner ohnehin sehr schweren Lage an irgendwelche Bestimmungen gebunden. Es werden Vertragsärzte vorgeschrieben, was verhindert, daß man zu dem Arzt geht, der wirklich helfen könnte, nur weil dieser vielleicht nicht im »Einzugsgebiet« der Kasse liegt oder Privatarzt ist. So sind die Arztwahl und die Therapiemöglichkeiten eingeschränkt, wenn die Eltern finanziell nicht in der Lage sind, die Behandlungskosten selbst zu tragen. Viele in Frage kommende alternative Therapieformen sind nur bedingt anerkannt, was meist eine Abrechnung über die Krankenkasse unmöglich macht. Für mich gilt allerdings der Grundsatz: »Wer hilft, hat recht« ... und so gibt es nur einen Weg: Man muß sich, wie das der Baron von Münchhausen erzählte, selbst an den Haaren aus dem Sumpf ziehen. Sicherlich bringt das viele Einschränkungen mit sich, doch das muß jeder für sich selbst entscheiden. Und das Schlimme ist, daß es auch hyperaktive Kinder in finanziell schlecht gestellten Familien gibt, die von vornherein diese Wahl nicht haben.

Es gibt Therapieansätze, die wirklich nur Familien mit genügend Geld vorbehalten sind, und aller Wahrscheinlichkeit nach wird das auch so bleiben. Doch es gibt auch oft Familien, die ihren Lebensstandard nicht einschränken wollen, die sich eben daran gewöhnt haben, in Urlaub zu fahren oder zwei Autos zu besitzen. Meiner Meinung nach müßte irgendwie der Staat mit in die Verantwortung gezogen werden, um solche Untersuchungen und eine Ernährungsumstellung auch für finanziell schlechter Gestellte zu ermöglichen. Eines ist natürlich ohne Kostenaufwand für alle möglich: Die Flut von Süßigkeiten zu reduzieren und einfach ein Augenmerk zu haben auf die Dinge, die die Kinder essen. Damit könnte in manchen Fällen vielleicht sogar die Dosis der Psychopharmaka gesenkt werden, was aus meiner Sicht auf jeden Fall erstrebenswert ist. Doch ich verstehe sehr gut, daß es Familien gibt, die schon durch ihre ganze Lebenssituation so stark beansprucht sind, daß die Gabe von Ritalin® in diesen Fällen wirklich das Vernünftigste ist.

Ich möchte hier an jene Eltern appellieren, denen es finanziell und persönlich möglich ist, einen Weg zu gehen, der nicht einfach ist. Ich selbst kenne Eltern hyperaktiver Kinder, denen keine Mühe zu groß ist, ihr Kind von einer psychomotorischen Therapie zur nächsten zu kutschieren. Ich will nicht sagen, daß dies nicht sinnvoll ist, doch ich glaube, daß Eltern, die scheinbar alles für ihr Kind tun, häufig all das unternehmen, was eigentlich die Kinder selbst ausführen müßten. Und es sind oft diese Eltern, die eine Ernährungsumstellung von sich weisen mit der Begründung: »Wenn wir genau wüßten, daß dies etwas bringt, dann würden wir es tun«. Doch diese Eltern haben doch auch ja gesagt zur Gabe von Psychopharmaka, ohne genau zu wissen, ob es etwas bringt (viele von denen, die ich kenne, haben Ritalin® irgendwann doch wieder abgesetzt). Wenn es also an die eigene Haut geht, dann kommen plötzlich Zweifel. Keine Currywurst mehr? Wie soll man das schaffen? Man bleibt auf der

Suche nach jemandem, der einem hilft. Einen Arzt, der die Lösung in der Schublade hat. Dabei wird man diesen aller Wahrscheinlichkeit nach nur selten finden. Es ist wirklich an den Eltern selbst.

Anders kochen lernen

Nachdem also die phosphatreduzierte Diät in unserem Falle nicht die gewünschten oder besser gesagt nicht die erhofften Erfolge zeigte, ließen wir unseren Sohn von einem Klinischen Ökologen auf ganz individuelle Nahrungsmittel testen. Dieses Austesten zog sich über einen Zeitraum von etwa einem halben Jahr hin. Allerdings nicht, weil wir uns ununterbrochen Tests unterziehen mußten, sondern weil man immer noch auf die neue Testmöglichkeit wartete. Bis es endlich möglich war, dieses neue Verfahren anzuwenden, waren Monate vergangen. Mit diesem neuen ALCAT-Test *(siehe auch Seite 159)* war es möglich, fünfzig Nahrungsmittel und jeweils zehn Zusatzstoffe oder Farbstoffe anhand einer einzigen Blutabnahme auszutesten. Das war natürlich in jeder Hinsicht anzustreben. Dadurch wurde unserem Sohn eine Menge Piekserei erspart, und dieser Test machte es auch überflüssig, mehrere Tage am Ort der Klinik zu verbringen, was natürlich auch zusätzliche Kosten ersparte. Auf diesen neuen Test zu warten, war für uns auch deshalb so wichtig geworden, weil wir uns sonst die Frage hätten stellen müssen, welche Möglichkeiten überhaupt noch unversucht waren, wenn wir nun die Flinte ins Korn werfen würden. Eigentlich keine außer der Tatsache, daß wir an unserer letzten Möglichkeit angekommen wären ...

Das konnte nicht so sein, und vor allen Dingen wollte ich das nicht glauben: Das durfte nicht sein. Also haben wir weitergemacht, wenn auch bis dahin, wie gesagt, nur mit mäßigem Erfolg. Daß sich seit Beginn der Ernährungsumstellung gar nichts verändert hätte, konnten wir aber auch nicht sagen. Nur war es wirklich schwer zu definieren. Daniels Jähzorn machte uns nur noch selten zu schaffen, auch das Bettnässen hatte nachgelassen. Doch die Hauptprobleme konnten wir bis dahin nicht abstellen. Das war für uns einige Zeit sehr problematisch: Auf der einen Seite hatte sich nur eine leichte

Veränderung eingestellt, und auf der anderen Seite war die Belastung durch die Ernährungsumstellung groß. Denn das läßt sich nicht abstreiten: Es ist kein Kinderspiel, die Ernährung nahezu um hundert Prozent zu ändern. Wer das behauptet, spricht meiner Meinung nach nicht aus eigener Erfahrung.

Es ist wirklich schwer, gerade am Anfang. Auch als ich aus meinem Elternhaus ausgezogen bin, habe ich das so empfunden. Bis zu diesem Zeitpunkt hatte ich stets die Kochkünste meiner Mutter genossen und mich wirklich nicht im entferntesten dafür interessiert, wie das alles eigentlich zustande gekommen ist. Als ich von zu Hause auszog, hat sich meine Mutter oft gefragt, wie das mit ihrer Tochter werden sollte, die vom Kochen nichts hielt und auch keine Ahnung davon hatte. Zu Beginn meiner Lehrzeit als eigenverantwortliche Köchin im eigenen Haushalt mußte mein damaliger Freund meinen Kreationen mit Sicherheit auch viel Wohlwollen entgegenbringen. Doch irgendwann ist der Groschen gefallen, und genauso ist das im Grunde auch mit der Ernährungsumstellung gewesen. Ich stand zunächst da wie der sprichwörtliche Ochse vorm Berg. Und wie damals mußte jetzt meine Familie oft alle Augen zudrücken und sicher des öfteren gute Miene zum bösen Spiel machen. Es war mehr als einmal schlichtweg ungenießbar, was ich da so alles in meiner Küche zusammengemixt habe. Nachdem ich zum ersten Mal Kochen gelernt hatte, beinhaltete unser Speiseplan alles, was der Supermarkt so hergab. Vor allen Dingen aßen wir viel Fleisch, Brot, Käse, öfter mal Kuchen, richtig deftige Hausmannskost. Ich habe mich auch nie dafür interessiert, ob dies nun gesund war oder nicht. Auch über die diversen Inhaltsstoffe habe ich mir keine Gedanken gemacht.

Nun stand ich also zum zweiten Mal da und mußte Kochen lernen. Nur kam diesmal die Einschränkung hinzu, all das zu berücksichtigen, worauf Daniel reagierte. Kochbücher konnte ich zwar als Anregung benutzen, doch in jedem Rezept fanden sich Zutaten, die ich nicht verwenden durfte.

Ich war mittlerweile dazu übergegangen, fast unseren gesamten Bedarf an Lebensmitteln aus dem Naturkostladen zu beziehen. Damit konnte ich die Pestizidbelastung so gering wie möglich halten.

Viele Leute sagen, daß der Einkauf im Naturkostladen zu teuer sei. Mir ging es am Anfang genauso. Ich war mehr als erstaunt über diese Preise. Doch heute muß ich ganz klar sagen, daß in den Naturkostläden das Verhältnis vom Preis zur Ware noch natürlicher ist als in den Supermärkten. Wer aß zum Beispiel früher jeden Tag Fleisch? Welche Kinder bekamen früher jeden Tag Naschzeug? Das macht heute alles nur der geringe Preis der Supermarktware möglich, und dies auch nur, weil durch Massenproduktionen die Herstellungskosten niedrig gehalten werden können. Lohneinsparungen, Pestizideinsätze und somit weniger Ernteausfall und ähnliches ermöglichen es den Herstellern, ihre Waren zu einem deutlich günstigeren Preis anzubieten als die Naturkosthersteller. Doch auch hier kann man umlernen. Ich jedenfalls habe gelernt, viel bewußter einzukaufen. Und da unser Sohn sowieso wenig Süßes essen sollte, waren die höheren Preise dieser Anforderung eher zuträglich. Das Ganze hatte für mich den positiven Nebeneffekt, daß unsere Kinder gelernt haben, daß ein Lutscher doch etwas ganz Besonderes sein kann. Oder ein Apfel oder, oder, oder.

Da viele Dinge aufgrund der Nahrungsmittelunverträglichkeit nur noch selten bei uns zu Hause verfügbar sind, haben diese ungeheuer an Bedeutung gewonnen. Es ist schön zu sehen, wie die Augen unserer Kinder leuchten, wenn ich ihnen einen Lutscher mitbringe, der aus Weizensirup (Daniel reagiert nicht auf Weizen) und der entsprechenden Frucht (die natürlich keine Reaktion hervorgerufen haben darf) besteht. Übrigens stehen diese Lutscher den bunten Supermarktdingern in nichts nach. Im Gegenteil. Sie schmecken doch tatsächlich nach dem, was draufsteht, und nicht nach irgendeiner undefinierbar zusammengerührten Masse.

Auch haben wir nach Möglichkeit die Zufuhr von irgendwelchen mit E-Nummern gekennzeichneten Zusatzstoffen, heutzutage Bestandteil vieler Zutatenlisten, gemieden. Hinter diesen E-Nummern verbergen sich Zusatzstoffe, die teilweise als bedenklich einzustufen sind. Ich besorgte mir bei der Verbraucherzentrale eine Liste mit all diesen E-Nummern und deren Bedeutung, um uns einen Weg durch den »E-Nummern-Dschungel« zu bahnen.

Meiner Meinung nach spricht alles für den Versuch einer Nahrungsmittelumstellung, dem natürlich eine Austestung vorangehen sollte. Ich begegne zwar des öfteren Leuten, die der Meinung sind, wir würden schlecht aussehen, irgendwie blaß. Doch ist dies mit Sicherheit nur ein subjektiver Eindruck. Denn ich bin der vollen Überzeugung: So gesund, wie unsere Familie lebt, so gesund leben nur wenige. So viele Vitamine auf der einen und so wenige Schadstoffe und Zusatzstoffe auf der anderen Seite. Darauf bin ich wirklich stolz. Und ganz gleich, wie es kommen wird: Mir kann in Zukunft keiner ein X für ein U vormachen. Ich informiere mich heute ganz automatisch zuerst über Zutaten, und erst dann schaue ich auf den Preis. Denn ich bin gerne bereit, für gute Nahrungsmittel etwas mehr zu bezahlen und dafür einige Produkte weniger im Korb zu haben. Das ist letztendlich die gesündere und auch ökonomischere Art. Natürlich nicht aus der Sicht einiger Lebensmittelhersteller ...

Der neue Test wird gemacht

Das Warten und unsere Ausdauer hatten sich gelohnt. Der Tag war gekommen, und wir fuhren erneut zum Austesten nach Bad Emstal. Der Test war inzwischen möglich geworden. Endlich. Wir baten den Arzt, uns auch gleich nach Vorliegen der Ergebnisse einen Rotationsplan aufzustellen und uns diesen mit den Testergebnissen per Post zuzusenden. Nach nur vier Tagen hatten wir es schriftlich. Und auch den Diätplan, der uns zeigte, wie wir in Zukunft leben sollten.

Wir waren überrascht. Auf dem Plan befanden sich Dinge, die wir aus Vorsicht teilweise seit Monaten nicht mehr gegessen hatten. Der Plan war reichhaltiger und abwechslungsreicher, als wir es erwartet hatten. Wir waren happy. Und begannen bereits am folgenden Montag, konsequent nach dem Plan zu leben. Die stärkste Reaktion unseres Sohnes zeigte sich bei Brauereihefe. Im ersten Moment hatten wir diese Reaktion belächelt, Daniel trank schließlich noch kein Bier. Doch bald wurde uns doch klar, was dies definitiv für unseren Speiseplan bedeutete. Da die Hefen alle einer Familie zuzuordnen sind, hieß dies für uns, möglichst konsequent Hefe zu meiden. Brot ade! Was nun? Wir besorgten uns also einen nicht unbeträchtlichen Vorrat an Reiswaffeln (Reis war ohne Reaktion) und gleichzeitig einige Packungen Knäckebrot mit den erlaubten Getreidesorten, natürlich ohne Hefe gebacken.

Sollten wir also zukünftig nur noch auf »Pappe« kauen? Da ja Weinsteinbackpulver (auch das aus dem Naturkostladen) auf Maisstärkebasis hergestellt wird und Daniel auf Mais in einer Weise reagierte, die ein Rotieren unmöglich machte, fiel auch diese mögliche Variante bei uns flach, und ich stellte mir mein Backpulver selbst her. Weinstein aus der Apotheke, Großmutters Natron (Baking Soda) und Reismehl aus dem Naturkostladen.

Das Rezept *(siehe Seite 141)* dazu hatte ich mal irgendwann irgendwo gelesen, und ich hatte es mir schon vor langer Zeit angewöhnt, Dinge aufzuschreiben, die ich unter Umständen irgendwann einmal brauchen könnte. Dies war so ein Fall. Ich mischte Mehl mit Wasser und etwas Öl, anstelle von Zucker nahm ich Salz und fügte mein Backpulver bei. Dann schob ich diese ganze Geschichte mit erwartungsvollem Blick in den Ofen und staunte nicht schlecht über das, was ich anschließend zu Tage fördern konnte. Da hatten wir doch tatsächlich ein Brot oder besser ein Kuchenbrot. Es schmeckte der ganzen Familie und bewahrte uns vor dem ewigen »Pappekauen«. Dieses Brot gibt es nun unter Berücksichtigung unseres Rotationsplanes.

Aus dem Küchenschrank wurden darüber hinaus folgende Nahrungsmittel verbannt: Essig, Senf, Mayonnaise, eingelegte Gurken und alles, was Essig beinhaltete.

Zu meiden sind in einem solchen Fall außerdem Tomatensoße, Ketchup, Mixed Pickles, Oliven, Barbequesoße und ähnliches, doch diese Dinge standen bei uns sowieso seit geraumer Zeit nicht mehr zur Disposition.

Natürlich verliefen keineswegs alle meine Experimente so erfolgreich. Unsere Biotonne und unser Komposthaufen standen meinen Versuchen stets »offen« gegenüber, und ich ließ sie des öfteren auch nicht lange auf Nachschub warten. Doch habe ich gelernt und werde immer wieder dazulernen, denn auch heute sind meine Kochkünste noch lange nicht fehlerlos. Doch nun habe ich so vieles geschafft, da schaffe ich auch das. Oft bekomme ich zu hören, wie »arm« wir doch wären. Wirklich nicht zu beneiden. Doch ich sehe das mittlerweile ganz anders. Die Phasen der Verzweiflung und des Selbstmitleids habe ich irgendwann einmal zum größten Teil hinter mir gelassen. Es hilft ja auch wirklich nichts. Im Gegenteil, es behindert einen nur, wenn man ewig mit seinem »Schicksal« hadert. Auf Regen folgt Sonnenschein. Es geht alles seinen Gang. Diesen Satz habe ich von meinem Schwiegervater, und meine Mutter kann ihn mittlerweile nicht mehr hören, weil ich ihn des öfteren ausspreche. Doch es ist wirklich so. Es kommt so, wie es kommt, und es ist an jedem selbst, das Beste daraus zu machen! Man muß durch alles hindurch, und es ist wirklich fatal, auf Hilfe zu warten. Ganz klar habe auch ich immer wieder Tage oder Momente, an denen ich mir mit meinen Weisheiten selbst nicht helfen kann. Doch komischerweise haben wir auch diese bis jetzt noch immer irgendwie überstanden, und manchmal frage ich mich hinterher, wie ich nur so niedergeschlagen sein konnte. Hätte ich mich doch selbst an den Haaren gepackt. Mittlerweile habe ich dies doch schon so oft erlebt und sollte es beim nächsten »schlimmen Tag« besser machen. Aber das ist wohl so.

Erfolge

Nachdem wir also alle vier »rotierten«, warteten wir auf die Dinge, die da kommen sollten. Und die ersten Tage glaubten wir unserem Sohn nicht so recht, als er aus der Schule kam und erzählte, daß er an diesem Tag nicht zum Hausmeister mußte und auch nicht vor die Tür gestellt wurde. Daniel trickste uns oft aus und verschaffte sich damit die für sein Selbstbewußtsein notwendigen Erfolgserlebnisse. Es gab zunächst also wirklich keinen Grund, ihm diesmal zu glauben. Nach einer Woche kam Daniel etwas verspätet von der Schule nach Hause. Ich war schon sehr nervös, denn ich rechnete damit, daß Daniel noch mit seiner Lehrerin über irgendetwas sprechen mußte, was er wieder einmal angestellt hatte. Statt dessen kam er freudestrahlend nach Hause und erzählte, er habe Lucas noch bis nach Hause begleitet. Hierzu muß ich sagen, daß Daniel morgens mit zwei weiteren Kindern, einem Jungen (Lucas) und einem Mädchen (Isabell) an der Bushaltestelle steht und auf den Bus wartet, der alle zur Schule bringen soll. Diese beiden Kinder waren eigentlich meine »Wunschspielkameraden« für meinen Sohn, denn sie waren beide genau das Gegenteil von Daniel. Ich war der Überzeugung, daß der Umgang mit ihnen ihm nur gut tun konnte. Doch wie das nun einmal so ist, Daniel hat in der Schule viel Angst und Schrecken verbreitet, und diese beiden Kinder erwähnten seinen Namen zu Hause auch nur in Verbindung damit. Nun stand mein Junge also vor mir und erzählte, er habe diesen Lucas, meinen »Wunschfreund«, nach Hause begleitet. Den Jungen, der ihm früher stets zu langweilig erschienen war. Mit dem er absolut nichts anfangen konnte, außer ihn zu ärgern, und der im umgekehrten Falle Daniel mit Grauen begegnete. Ich freute mich, doch war ich argwöhnisch und fragte mich, was mein Sohn wieder einmal im Schilde führte.

Die positiven Berichte Daniels rissen nicht ab, und einige Tage später kam er mir entgegen gerannt und fragte mich, ob er am Nachmittag zu Lucas nach Hause gehen könne. Dessen Papa hätte nichts dagegen. Immer noch skeptisch rief ich den Vater an. Grünes Licht, es stimmte. Wer nun den Eindruck hat, ich hätte kein Vertrauen zu meinem Kind, dem muß ich sagen, daß dies zum Teil sogar stimmte. Ich kannte Daniel, und es war durchaus möglich, daß er versuchte, mich auszutricksen. Warum auch immer. Daniel sagte noch, er wolle erst seine Hausaufgaben erledigen und versetzte mich damit wieder in Erstaunen. Daniel und freiwillig Hausaufgaben machen? Was war eigentlich los? Sollte unsere Ernährungsumstellung diesmal tatsächlich ...? Ich konnte es kaum glauben.
Nachdem also alles erledigt war, Mittagessen und Hausaufgaben, machten wir uns auf den Weg zu Lucas. Seine Mutter öffnete die Haustür, und Daniel verschwand sofort mit seinem neuen Freund in dessen Zimmer. Was ich dann von der Mutter hörte, war für mich die schönste Bestätigung für all unsere Bemühungen. Sie selbst war

demnach nicht weniger erstaunt als ich, als ihr Sohn sie darum bat, daß Daniel ihn besuchen dürfe. »Daniel?« fragte sie. »Dieser Daniel, vor dem du so viel Angst hast?«. »Ja«, sagte Lucas, »Daniel ist nicht mehr böse. Er ist jetzt mein Freund!« Dazu möchte ich an dieser Stelle nichts mehr sagen, das spricht für sich selbst.

Der Rotationsplan
Der Ernährungs- beziehungsweise Rotationsplan sah oder sieht folgendermaßen aus:

Wir beschlossen, den Plan so weit einzuschränken, daß er wirklich nur noch aus den getesteten und reaktionslosen Nahrungsmitteln bestand. Denn Daniels Zustand glich einer Gratwanderung, weil unser Rotationsplan ja noch viele nichtausgetestete Nahrungsmittel enthielt, die trotzdem eine Reaktion hätten auslösen können. So hätte er laut Plan fast jeden Tag ein Nahrungsmittel zu sich genommen, auf das er, wenn auch nur leicht, hätte reagieren können. Wir haben Daniels Reaktionen also damit so weit heruntergefahren, daß wir nun jeden zweiten Tag ein Nahrungsmittel austesten. Dieses Austesten läuft so über die Bühne, daß ich ihm über den Nachmittag verteilt ein ausgesuchtes Lebensmittel zu essen gebe. Löffelweise und in zeitlichem Abstand. Ich beobachte ihn dann, und sollte sich bis zum nächsten Tag keine Reaktion gezeigt haben, nehme ich dieses Nahrungsmittel wieder auf. Es ist nur wichtig, dieses zu testende Nahrungsmittel nicht in Verbindung mit den Mahlzeiten zu geben. Dann wäre es eventuell nicht möglich, eindeutige Rückschlüsse auf dieses eine Nahrungsmittel zu ziehen. Des weiteren legten wir uns eine Getreidemühle zu. Da wir erfahren hatten, daß viele im Getreide enthaltenen Vitamine bereits kurze Zeit nach dem Vermahlen verloren gehen, wollten wir das Getreide so frisch wie möglich verarbeiten. Unsere Jungs mahlen ihr Korn selbst oder quetschen das Getreide für ihr Müsli selbst in der Flockenquetsche. Das macht Spaß, und sie essen es somit auch viel lieber. Etwas Diplomatie gehört natürlich auch dazu, wenn die Kinder umlernen müssen, was ihre Mahlzeiten betrifft. Das geht nicht von heute auf morgen, man muß ihnen Zeit geben. Doch es ist erstaunlich, wie positiv sie darauf eingehen. Hier ist die kindliche Neugier wirklich unentbehrlich. Natürlich hängt unseren Kindern unsere Art der Ernährung oft auch zum Halse heraus. Das ist klar, zumal sie ja ständig damit konfrontiert werden, was es alles an Nahrungsmitteln gibt. Doch ich denke, es geht dann nicht um spezielle Nahrungsmittel, sondern das »Nach-Plan-Essen« ist oft ein Problem. Wir sind immer bestrebt, ihnen zu erklären, was in den »leckeren Sachen« aus dem Supermarkt alles drin steckt, doch es sind nun einmal Kinder. Aber sie machen beide in einer vorbildlichen Art und Weise mit, was ich mit größter Hochachtung anerkenne.

Daniels Schwierigkeiten mit der Umwelt

Daniel muß jetzt viele, viele Dinge aufholen. Er muß lernen, den Umgang seiner Mitmenschen mit ihm einzuschätzen, auch welche Reaktionen durch ihn in seinem Umfeld entstehen. Er muß lernen, Erfahrungen zu machen, ebenso wie Empfindungen zu haben und diese Empfindungen auch zu leben. Jetzt erst nimmt er wahr, wie mit ihm umgegangen wird. Jetzt merkt er plötzlich, wenn man auf seine Kosten Späße treibt, und er reagiert nun ganz sensibel. Er realisiert erst jetzt offenbar, was mit ihm und um ihn herum passiert. Seine Reaktion ist dann mehr als einmal die eines geprügelten Hundes. Es tut weh, mit anzusehen, wie er leidet. Leider versucht Daniel, seine sehr große Unsicherheit und seine Unkenntnis, wie er mit seinem Umfeld in Kontakt treten kann, mit Kaspereien und Großmäuligkeit zu überspielen. Er weiß nicht, wie er anders mit Kindern in Kontakt treten kann. Er begibt sich damit selbst ins Abseits, was sein mangelndes Selbstbewußtsein nur noch mehr verletzt. Es tut mir sehr weh, wenn er aus der Schule kommt, die für ihn Horror pur ist, und erzählt, daß man ihn bespuckt und daß niemand mit ihm spielen möchte. Ich denke, er weiß, daß dies eine Reaktion auf sein Verhalten ist, doch hat er keine Vorstellung davon, wie er das ändern könnte. Er nimmt jetzt Dinge wahr, auch an sich selbst, die er früher nicht einmal im Entferntesten bemerkt hätte. Auch greift er jetzt immer öfter zu Papier und Bleistift und malt ein Bild. Seine Zeichnungen haben natürlich nicht plötzlich an optischer Qualität zugenommen, aber er lernt auch hier. Auch fängt er an, sich für Zahlen zu interessieren, und er fragt nach ...

Daniel wirkt auf die meisten Menschen sehr selbstbewußt. Er macht einen cleveren Eindruck und vermittelt das Gefühl, ein gefestigtes Kind zu sein. Das jedenfalls bei Menschen, die ihm außerhalb von Schule oder Therapie begegnen. Das ist auch die Schwierigkeit, warum er oft verkannt wird.

In Wahrheit aber ist Daniels Seele wie ein kleines Kätzchen, das sich in einem Schuhkarton verschanzt. Hält man die Hand hinein, um es zu streicheln, wird man gebissen. Die Wurst (versinnbildlicht für Lob) aber, die man im reicht, schlingt es gierig und ausgehungert hinunter, doch reichen diese Beweise der Zuneigung nicht aus, um das Kätzchen aus seinem Karton zu locken. Seine Grundfundamente sind derart gestört (aufgrund einer Riesenenttäuschung oder einer Verkettung einzelner Enttäuschungen in Hinblick auf Vertrauen und Gefühl), daß er über Brücken, die man ihm baut, nicht geht.

Daniel ist voller Anspannung und innerer Verkrampfung während jeder Minute des Tages, er gibt sich nie so, wie er ist, beziehungsweise wie er sich wünscht zu sein. Er ist unsicher und schätzt seinen eigenen Wert sehr niedrig ein. Am liebsten wäre es ihm, er könnte immer zu Hause sein. Nur nicht auf Feste, in die Schule oder mit Kindern spielen. Sind die Eltern dabei, ist die ganze Sache etwas leichter für ihn, doch zeigt er sich dennoch sehr angespannt, unflexibel und verängstigt. Das alles versucht unser Junge hinter einer Fassade von Kaspereien oder Gewalttätigkeiten zu verbergen. So hat er Angst vor den Kindern seiner Klasse (vor deren Reaktionen auf alles was er sagt oder tut). Sie machen ihm Angst (natürlich ohne es zu beabsichtigen oder es zu wissen), und weil sie ihm weh tun, will er ihnen auch weh tun mit seinem Verhalten, zum Teil auch körperlichen Gewalttätigkeiten. Oder ist es etwa so, daß er ausschließlich seine Unsicherheit verbergen will? Daniel kann sich einfach nicht vorstellen, wie er mit Menschen umgehen soll, er hat kein Gefühl, nicht für andere, aber auch nicht für sich oder für Situationen, in denen er sich befindet. Daß er sich mit seinem Verhalten selbst ins Abseits manövriert, erkennt er nicht, oder er ist noch zu klein, das zu begreifen. Er ist sich auch nicht bewußt darüber, daß das ganze Mit- und Gegeneinander nur eine Kette von Aktion und Reaktion ist. Das ist auch der Grund, warum er jedesmal wie ein geschlagener Hund reagiert, wenn er gemaßregelt wird. Daß dies eine Reaktion auf eine unter Umständen von ihm ausgehende Aktion ist, kann er nicht realisieren.

Daniel hat in seinem kurzen Leben schon so viele Dinge erdulden müssen, die nicht spurlos an ihm vorübergegangen sind. So auch unsere Ernährungsumstellung. Ein Kind mit mehr Selbstbewußtsein hätte da sicher auch seine Schwierigkeiten, doch in Daniels Situation ist das eine Sache, die ihn noch weiter hinunterzieht. Doch leider haben wir keine Wahl, denn alles andere ist schier aussichtslos. Halten wir uns nicht an den Ernährungsplan, wird alles noch viel schlimmer.

Was unsere häusliche Situation betrifft, so sind wir längst mehr als zufrieden mit unserem Jungen. Er ist völlig o.k., und Streitereien unter Geschwistern sind schließlich normal, zumal Jungs ja sowieso meist den Drang haben, ihre Auseinandersetzungen auch körperlich auszutragen. Privat haben wir nichts mehr zu beklagen, doch in der Schule liegt noch ein steiniger Weg vor uns.

Eine Erklärung für Daniels schrecklichen Zustand liegt für uns darin, daß er von uns von klein auf viel gemaßregelt wurde. Sicher hatten wir in vielen Fällen einen engen Maßstab, was auch daran lag, daß er unser erstes Kind war und wir erst lernen mußten. Hinzu kam allerdings, daß er von klein auf nicht wußte, wie er sich mitteilen sollte, wie er sich anderen gegenüber verhalten sollte, wie er Kontakte knüpfen konnte. Auch als Neugeborenes ließ sich Daniel nicht in den Armen wiegen, trösten oder schmusen. Das elterliche Bett war ihm mehr Graus als Freude. Er weinte auch nie aus Schmerz, sondern nur aus Hilflosigkeit oder Zorn. Heute weint er schon häufiger als zuvor, doch eher in sich hinein. Er spricht weder über seine Sorgen noch über seine Freuden und Erlebnisse. Er verschließt alles in seinem Herzen und trägt deshalb so schwer daran. Durch die vielen Maßregelungen wurde er in seinem Lernen natürlich schon sehr früh eingeschränkt, doch es wäre oft gefährlich gewesen, auch für andere Kinder, hätten wir ihn gewähren lassen. Heute sucht Daniel häufig meine Körpernähe, wenn auch nicht für lange Zeit; meist nach den Hausaufgaben als Bestätigung für mein Lob, wenn es gut klappte. Daniel zu loben, obwohl seine Leistungen es nicht wirklich verdienen, ist sinnlos, dann ist Daniel sehr unzufrieden mit sich selbst und merkt genau, daß das Lob nicht ernst gemeint sein kann. Daniel hat einen hohen Anspruch an seine Mitmenschen, aber einen noch höheren an sich selbst. Er ist oft fanatisch perfektionistisch und ebenso gerechtigkeitsbestrebt.

Wir sind wirklich in einer fatalen Situation und wünschen uns für unseren Jungen nichts mehr als ein wenig mehr Seelenfrieden und Toleranz gegenüber sich und anderen. Auch das Gefühl des Vertrauenkönnens, des Angenommenseins und des Geliebtwerdens. Daniel ist ein ganz feiner Junge, er kann sehr, sehr hilfsbereit sein und ist uns zu Hause ein echter Kumpel. Er stellt oft seine eigenen Bedürfnisse hintenan. Daniel ist zu Hause sehr, sehr ordentlich, das zeigt sich unter anderem darin, daß seine Legosteine alle komplett und funktonsfähig sind, er das Zimmer niemals verläßt, ohne das Licht zu löschen, für uns andere schon mal Brote schmiert, ohne Aufforderung abwäscht, einkauft, bringt und holt und, und, und ...

Natürlich werden wir oft darauf angesprochen, ob wir keine Angst hätten, daß Daniel zu wenig Vitamine bekommt. Daniel hat von unserem Arzt ein Vitaminpräparat verschrieben bekommen. Dies ist auf seine individuellen Bedürfnisse abgestimmt und zudem ohne Farbstoffe oder ähnliches. Darüber hinaus kann ich nur sagen, daß wir uns wirklich sehr ausgewogen ernähren. Ausgewogen und auch abwechslungsreich. Natürlich haben wir auch gelegentlich Bedenken, ob unsere Ernährungsumstellung ein Maß erreicht hat, das vielleicht nicht mehr zumutbar ist. Doch wir kommen immer wieder zu dem Schluß, daß diese Bedenken unbegründet sind! Was haben wir unserem Kind denn genommen? Doch hauptsächlich Dinge, die mit dem, was sie darstellen sollen, schon lange nichts mehr zu tun haben, wie zum Beispiel das ganze Repertoire an Süßigkeiten aus irgendwelchen Massenproduktionen. Hätte unser Sohn Diabetes, würden wir uns dann die gleiche Frage stellen? Muß es immer erst eine Entscheidung zwischen Leben und Tod sein? Was wirklich ernst zu nehmen ist, ist die Tatsache, daß Essen als solches heutzutage derart an Bedeutung gewonnen hat, daß es längst nicht mehr darum geht, nur satt zu sein und sich mit Essen und Trinken am Leben zu erhalten. Nein, Essen ist vielfach längst zu einer Sucht geworden, sehr zur Freude der Lebensmittelhersteller. Denn der Lebensmittelmarkt ist ein schier unerschöpflicher Absatzmarkt, den es immer wieder zu erschließen gilt. Mit dem ganzen Verhalten der Gesellschaft, was Essen und Trinken betrifft, werden Menschen, die aus gesundheitlichen Gründen nicht unbegrenzt mithalten können, zu Außenseitern. Ihre ohnehin schon sehr schwere Situation wird dadurch nur verstärkt. Wir, und vor allem Daniel, erleben das fast täglich. Keine Faschingsfeier ohne Bonbons und Süßigkeiten, kein Kindergeburtstag ohne Süßkram, meist sogar noch in Tüten verpackt für den Nachhauseweg. Kein Kino ohne Naschereien. Es scheint, als sei das Leben gar nicht lebenswert ohne die ganzen leckeren Dinge und als sei ein Kinobesuch erst richtig nett mit der Tüte Chips in der Hand ... Ist es das, was die Hersteller der Lebensmittel wollen und uns täglich durch diverse Werbemittel suggerieren? Was soll das?

Daß dies so ist, darf für uns noch lange kein Grund sein, umzukippen und uns den Versuchungen der Lebensmittelindustrie hinzugeben. Nein, auch das hat einen positiven Nebeneffekt: Daniel und auch Jonas, wir machen da mit ihm keine Ausnahme, sind keine potentiellen Kunden irgendwelcher bunter Kaubonbons, und mit Sicherheit werden sie auch später nicht so ohne weiteres von der Werbung zu beeinflussen sein. Die Ursache unserer Ernährungsumstellung bewahrt uns quasi so ganz nebenbei davor, uns zur Zielscheibe irgendwelcher Umsatzsteigerungen degradieren zu lassen.

Wir sind fest davon überzeugt, das einzig Richtige für unseren Sohn getan zu haben, und würden uns wünschen, daß es zur Regel, ja sogar zur Pflicht werden würde, vor der Verordnung von Psychopharmaka die betroffenen Kinder auf diverse Unverträglichkeiten zu testen. Mit großer Wahrscheinlichkeit würde sich dann in vielen Fällen die Gabe von Medikamenten verringern oder gar erübrigen ...

Die Rotationsdiät

Die Rotationsdiät dient dazu, Nahrungsmittelunverträglichkeiten abzubauen und ist ein guter Weg, wenn mehrere Unverträglichkeiten oder Unverträglichkeiten gegen sehr grundlegende Bestandteile der Nahrung bestehen. Richtet sich die Unverträglichkeit »nur« gegen einzelne und nicht grundlegende Nahrungsmittel (zum Beispiel gegen Wassermelone; wer ißt schon täglich Wassermelone??), so reicht es oft aus, dieses eine Nahrungsmittel zu eliminieren, um Symptome künftig zu vermeiden. Werden aber mehrere, viele oder sehr grundlegende Lebensmittel nicht vertragen, so wäre es schwierig, diese einfach zu eliminieren und sich dennoch ausgewogen zu ernähren. Durch einen vorausgehenden Verträglichkeitstest werden nur diejenigen Nahrungsmittel eliminiert, die eine mittlere oder gar starke Reaktion hervorgerufen haben. Nahrungsmittel, die keine beziehungsweise nur eine leichte Reaktion hervorgerufen haben, werden in den Speiseplan aufgenommen, werden allerdings je nach Verträglichkeit in zeitlichen Abständen von zwei, vier oder sogar sieben Tagen gegeben. So können sich Allergene im Laufe der Zeit abbauen, da der Körper sie durch die zeitlichen Abstände des Verzehrs »vergißt«. Ich will versuchen, es so zu erklären: Durch die ständige Zufuhr von Stoffen, die der Körper nicht verträgt, ist er in ständiger Alarmbereitschaft. Man kann sogar sagen, er ist ständig wirklich krank. Das hängt unter anderem mit der Darmschleimhaut zusammen, die sich durch die ständige Zufuhr unverträglicher Stoffe »entzündet« und somit auch nicht mehr in der Lage ist, die Nahrung aufzuspalten, die benötigten Nährstoffe herauszufiltern und entsprechend zuzuordnen. Da kann es sogar vorkommen, daß der Körper trotz ausreichender Zufuhr einen Vitamin- und Mineralstoffmangel aufweist. Eben weil diese nicht aufgespalten werden können. Da der Körper durch die Rotationsdiät mit den mittleren bis starken Nahrungsmitteln gar nicht mehr und mit den reaktionslosen beziehungsweise leicht reagierenden Nahrungsmitteln nur noch in zeitlichen Abständen in Berührung kommt, erhält er die Möglichkeit, sich zu regenerieren. Die »Entzündung« geht zurück, der Darm regeneriert sich, was gegebenenfalls mit »darmfreundlichen« Bakterien unterstützt wird. Der Körper war ständig krank, mußte sich vierundzwanzig Stunden täglich gegen Stoffe »wehren«, die er nicht verarbeiten konnte. Daraus ergeben sich dann die unterschiedlichsten Symptome. Ich möchte an dieser Stelle unbedingt vermeiden, unvollständige oder falsch interpretierte medizinische Informationen weiterzugeben. Es gibt, was den ernährungsphysiologischen Bereich beim hyperkinetischen Syndrom betrifft, noch weitere Einflüsse. Bei Fragen wenden Sie sich unbedingt an einen Klinischen Ökologen.

Durch die Rotationsdiät lassen sich erkannte Nahrungsmittelallergene abbauen und bis dahin maskierte, unbekannte Allergien aufdecken. Maskierte Allergien? Das verhält sich etwa so: Es ist durchaus möglich, daß man Nahrungsmittel zu sich nimmt, auf die man allergisch reagiert, ohne es zu wissen beziehungsweise ohne es zu merken. Erst nachdem man diese Nahrungsmittel eine Zeit lang nicht mehr gegessen oder getrunken hat und sie nun wieder zu sich nimmt, zeigt sich eine Reaktion. Läßt man dieses Nahrungsmittel weg, was unter Umständen auch zufällig passieren kann, wird die Allergie *de*maskiert. Das ist auch der Grund, weshalb sie sich dann bei erneutem Verzehr des Nahrungsmittels mit den unterschiedlichsten Symptomen wie etwa verstärktem Verhalten bei hyperaktiven Kinder, Gelenkschmerzen, Bauchschmerzen, Kopfschmerzen, allgemeinem Unwohlsein zeigt. So entdeckt man vielleicht eine Nahrungsmittelallergie auf ein bestimmtes Lebensmittel, das man niemals in Betracht gezogen hätte. Auch bekannte, verträgliche Lebensmittel sollten sicherheitshalber rotiert werden. Es empfiehlt sich zudem, Lebensmittel aus kontrolliert biologischem Anbau zu verwenden, um die Schadstoff- und Pestizidbelastung so gering wie möglich zu halten. Nahrungsmittel beziehungsweise Fertigprodukte, die aus vielen verschiedenen Zutaten bestehen, können meist nicht in den Rotationsplan eingefügt werden und sind aus diesem Grunde zu meiden. Nahrungsmittel, die einer »Familie« angehören, sollten nicht an aufeinander folgenden Tagen, sondern nur am gleichen Tag gegessen werden. Ich will versuchen, dies an einem Beispiel zu zeigen:

Falsch wäre es, am Montag Kartoffeln, am Dienstag Auberginen und am Mittwoch Tomaten zu essen, da sie alle zu den Nachtschattengewächsen gehören. Dagegen wäre es richtig, in einer Mahlzeit mehrere Nachtschattengewächse (wie Kartoffeln, Tomaten und Auberginen) zu kombinieren. Es sollten jedoch an einem Tag möglichst nicht Lebensmittel aus mehr als sechs verschiedenen Lebensmittelfamilien verzehrt werden oder pro Mahlzeit nicht mehr als vier bis sechs Komponenten unterschiedlicher Familien. Das alles hört sich komplizierter an, als es ist. Doch wenn man seinen Rotationsdiätplan genauestens inspiziert hat, ist ein roter Faden durchaus erkennbar, und man versteht die Logik. Also bitte nicht vorher sagen: »Das schaffe ich nicht. Wie soll ich das machen. Pausenbrot? Was gebe ich mit in den Kindergarten?« Sie schaffen es. Haben Sie Geduld mit sich selbst. Sie werden Fehler machen. Die mache ich heute auch noch, nach wie vor. Ich habe (leider) nicht den Stein der Weisen gefunden und bin auch nicht zum Maß aller Dinge geworden. Fehler gehören dazu, doch aus denen kann man nur lernen. Denn mit den schönen Tagen, die Sie hoffentlich dann erleben, wächst Ihr Ansporn. Und jedes »Vergehen« zeigt Ihnen, daß irgendetwas falsch war. Das kann auch ein Bestandteil sein, den Sie bisher übersehen haben, an den Sie noch nicht dachten, oder aber ihr Kind hat »quer« gegessen (sich heimlich irgendetwas genommen oder sein Pausenessen getauscht). Das schafft zunächst einmal Frust und Zweifel. Doch lassen Sie sich nicht unterkriegen. Glauben Sie an sich und Ihr Kind. Besprechen Sie alles nochmals mit ihm, und zeigen Sie sich verständig. Haben Sie Geduld, denn es ist eine große Anforderung an den Hypie, an die ganze Familie, und es kostet eine ganze Menge Kraft, den täglichen Verführungen zu widerstehen. Helfen Sie dabei. Oft allerdings fühlen sich die Kinder selbst viel wohler und merken durchaus, daß ihnen Dinge besser gelingen, daß die anderen Kinder sich ihrer lieber annehmen als sonst. Und da sie in der Vergangenheit nur allzu oft negative Erlebnisse hatten, ist ihre Motivation sehr gut. Doch es wären keine Kinder, wenn Sie alles gleich zu Beginn rückfallslos durchsetzen könnten. Häufig tut ihnen ein Fehltritt selbst sehr leid.

Die Rotationsdiät im Alltag

Am besten legt man sich eine Liste an, in die man für jeden Tag genau einträgt, was gegessen oder getrunken wurde. Dabei auch an Gewürze, Getränke, Fette und ähnliches denken. So kann man eventuell entstehende Reaktionen von nicht ausgetesteten Nahrungsmitteln gut nachvollziehen und entweder Rücksprache halten oder das Nahrungsmittel weglassen. Ich habe mir Tageslisten erstellt, die aus sechs Spalten bestanden: Frühstück, Zwischenmahlzeit, Mittagessen, Zwischenmahlzeit, Abendessen, resultierende Reaktionen. Dort trug ich alles ein. Jeden Krümel. Da Daniel spätreagierend ist, das heißt er reagiert in der Regel am darauf folgenden Tag, konnte ich so immer gut nachvollziehen, wo der Hase im Pfeffer lag. Ich ließ das unverträgliche Nahrungsmittel weg, und die Reaktionen verschwanden. So zum Beispiel das Einnässen. Es ist aber auch möglich, daß man das unverträgliche Nahrungsmittel unbemerkt mitschleppt, weil es als Bestandteil in einem Fertigprodukt enthalten ist. Deshalb lieber keine Fertigprodukte verwenden. Sie enthalten zu viele Zutaten, und diese machen es unmöglich, eventuelle Reaktionen auf ein bestimmtes Nahrungsmittel zurückzuführen.

Nach dem letzten Test habe ich allerdings die Aufzeichnungen nicht mehr für notwendig erachtet, da ja eine Menge Nahrungsmittel ausgetestet waren, und ich beschränkte meine Beobachtungen nur noch auf nicht getestete Dinge. Unter Nahrungsmittel verstehe ich hier immer auch Getränke und Gewürze. Es kann, wie ich bereits erwähnte, eine ganze Weile dauern, bis Sie ein Auge für die Reaktionen bekommen und bemerken, daß Ihr Kind zum Beispiel immer am oder in der darauf folgenden Nacht des Milchtages einnässt oder daß es immer über Kopfschmerzen klagt, wenn an diesem Tag Weizen im Speiseplan enthalten war. Die Aufzeichnungen können eine gute Hilfe sein, doch ersetzen sie meiner Meinung nach einen Test nicht. Höchstens vielleicht bei »leichten« Fällen. Aber es ist nach dem Herausfinden der unverträglichen Nahrungsmittel wichtig, daß der Speiseplan nicht nur gekürzt, sondern die nun fehlenden Lebensmittel durch Alternativen ersetzt werden. Hier ist ein Ernährungsberater oder -wissenschaftler von großer Wichtigkeit. Der Anfang ist schwer, doch ist der erst einmal gemacht, geht es bergauf.

Es gibt viele Symptome von Nahrungsmittelallergien, zum Beispiel Migräne, Kopfschmerzen, Gelenkschmerzen, Verdauungsprobleme, Hauterkrankungen, psychische Beschwerden, Atemprobleme oder auch Schnupfen. Ich will auf keinen Fall sagen, daß alle Erkrankungen auf Einflüsse der Ernährung zurückzuführen sind. Es bedarf immer einer ärztlichen Untersuchung und Behandlung. Ich meine jedoch, daß in Fällen, in denen es keinen organischen Befund gibt, sicher viele Beschwerden mit der Rotationsdiät beeinflußt werden könnten, sich vielleicht sogar gänzlich verlieren würden. Jedoch sollte man nicht das Risiko eingehen und sich oder sein Kind selbst therapieren. Auch die Rotationsdiät gehört in die Hand eines Fachmanns. Nicht zuletzt deswegen, weil dieser durch einen entsprechenden vorangehenden Test unverträgliche Nahrungsmittel herausfinden kann und sie erst gar nicht in den Rotationsplan aufnimmt und die verträglicheren sowie die reaktionslosen Nahrungsmittel entsprechend aufteilen kann. Ich habe auch schon öfters gelesen, daß man mit Hilfe der Rotationsdiät beziehungsweise einer etwa einwöchigen Testdiät selbst unverträgliche Nahrungsmittel herausfinden kann. Ich persönlich halte dies jedoch für zu risikoreich. Zum einen, was das Erkennen der Unverträglichkeit betrifft, und zum anderen, weil man ja vielleicht unwissentlich ein unverträgliches Nahrungsmittel zu sich nimmt und damit zum Beispiel einen lebensbedrohlichen Asthmaanfall auslösen kann. Also lieber keine Self-made-Diät!

Beim hyperkinetischen Syndrom lohnt sich der Versuch einer Ernährungsumstellung immer! Hier ist der Klinische Ökologe »Ihr« Mann.

Zu Beginn mußte ich mir den Rotationsplan regelrecht »auf den Bauch binden«. Doch mittlerweile kann ich ihn in den essentiellen Teilen bereits auswendig; außerdem hat sich im Laufe der Zeit eine gewisse Regelmäßigkeit ergeben, die man automatisch übernimmt. Es gibt Nahrungsmittel, die keine »Verwandten« haben, wie beispielsweise Vanille, Haselnüsse, Kiwis. Diese können innerhalb des Rotationsplanes beliebig verschoben werden, jedoch ist zwischen dem Verzehr je nach Verträglichkeit auch ein Zeitraum von zwei bis sieben Tagen anzusetzen.

Zu Beginn der Diät dauert es manchmal nur wenige Tage, und man kann ein verbessertes Wohlbefinden registrieren. In unserem Falle dauerte es jedoch aufgrund noch nicht realisierter unverträglicher Nahrungsmittel Monate. Nachdem dann Daniels »Hauptallergen« feststand, waren es tatsächlich nur Tage, und wir konnten eine bis dahin nicht gekannte deutliche Besserung seines Verhaltens erkennen. Ist Daniel nachmittags bei Freunden eingeladen, dann gebe ich ihm eine ausreichende Menge an Leckereien für sich und seine Freunde mit. Ich möchte nicht, daß er Hunger bekommt und sich nichts zu essen geben lassen kann. Die Mütter sind alle informiert. Doch oft bringt er alles wieder mit nach Hause, weil die Kinder das Essen beim Spielen vergessen. Von »unserem« Klinischen Ökologen bekamen wir ein Medikament, das in Ausnahmefällen (!) gegeben werden kann. Es verhindert eine zu starke Auswirkung der gegessenen Nahrungsmittel. Ausnahmefälle sind wirklich große Gesellschaften wie Hochzeiten, runde Geburtstage und ähnliches. Also nicht zu vergleichen mit den »alltäglichen« familiären Zusammenkünften wie etwa Kindergeburtstagen, Oma/Opageburtstag oder ähnlichem. Bei solchen Gelegenheiten halte ich es wie folgt: Meist koche ich eine komplette Mahlzeit zu Hause und nehme sie dann ungeniert mit. Natürlich essen wir vier dann alle nach Plan. Wichtig ist, immer mit dem Kind zu kommunizieren. Niemals etwas tun oder weglassen, ohne es zu erklären. Die Kinder haben ein Recht darauf. Ich habe diesbezüglich noch nicht ein einziges Mal ein negatives Erlebnis gehabt.

Bei Kindergeburtstagen, zu denen Daniel eingeladen wird, spreche ich mit den Gasteltern, und auch da treffe ich in der Regel auf Kooperation. In dieser Hinsicht hatte ich wirklich noch niemals Probleme. Zudem wird man ja meist von Verwandten oder guten Bekannten eingeladen, die all die Jahre die familiäre Situation miterlebten und nun den Unterschied selbst sehen. Und nicht selten finden sich dann andere Gäste, die sich bei uns mit sattessen. Dabei fühle ich mich einerseits nicht ganz so wohl, denn ich persönlich empfinde das als Unhöflichkeit den Gastgebern gegenüber, andererseits freue ich mich aber auch sehr. Ehrlich gesagt habe ich meist auch etwas mehr dabei als vier Portionen, eben in der Hoffnung, andere schmecken zu lassen, daß es unserem Essen durchaus nicht an Geschmack fehlt – im Gegenteil. Ich habe Lebensmittel kennengelernt, deren Namen ich vorher nicht einmal gehört hatte. Zu Beginn hatte ich auch keine Ahnung, wie ich diese denn nun in unseren Speiseplan mit einbeziehen könnte. Doch auch hier habe ich dazugelernt. Das vergangene Jahr war eine gute Schule für mich. Mit Beginn der Ernährungsumstellung begann auch die Anforderung an uns Eltern, vorauszusehen, wo irgendwelche Diätfallen liegen könnten, diese auszuschalten und durch Alternativen zu ersetzen. Klippen mußten umschifft und andere Wege gefunden werden. Ich denke, diesen Lernprozeß haben wir zu einem großen Teil hinter uns.

Mittlerweile verfüge ich über einen beachtlichen »Literaturberg«: Elternratgeber, Erfahrungsberichte, Selbsthilfebücher, medizinische Leitfäden und Kochbücher. Bei Fragen bezüglich der Inhaltstoffe diverser Nahrungsmittel schreibe ich den Herstellern und erhalte in der Regel auch detaillierte, freundliche Auskünfte. Sowie ich etwas Neues hörte oder las, deckte ich mich entsprechend mit Büchern ein. Ich las sämtliche Anzeigen in verschiedenen Naturkostzeitschriften. Ich schnitt Bestellscheine für Kataloge mit Naturbekleidung, therapeutischen Spielsachen, biologischen Baumaterialien oder Möbeln aus und schickte sie alsbald los. So kam ich an immer mehr Informationen, und ich konnte stets – wenn auch gelegentlich nur Teile davon – etwas in unseren Alltag mit einfließen lassen.

Ein Branchenbuch mit Eintragungen ökologischer Firmen aller Art wurde meine wichtigste Quelle für neue Wege. Ich kam ja aus einer total konventionellen Welt (und da gehöre ich auch nach wie vor zu einem nicht unbeachtlichen Teil hin), aber ich habe viel dazugelernt und neue Wege kennengelernt. Jedoch ist der Lohn meiner ganzen Bemühungen zuallererst das eindeutig verbesserte Verhalten meines Sohnes. Leute, die ihn erst nach unserer Ernährungsumstellung kennenlernten, sind meist sehr mißtrauisch und können unsere

Erfolge oft nicht nachvollziehen. Dann würde ich am liebsten meinen Sohn einmal »normal« essen lassen und ihnen so zeigen, daß wir durchaus ganz beachtliche Fortschritte gemacht haben. Doch für solche Beweise ist mir mein Kind natürlich zu schade.

Darüber hinaus bin ich jetzt kritischer. Kritisch mit allem und jedem. Ich bin nicht mehr so naiv, so unüberlegt und uninteressiert. Ich habe viel über mich selbst gelernt, über meine Mitmenschen, über Aktion und Reaktion. Ich habe mich, wenn auch gezwungenermaßen, zur Kämpfernatur entwickelt oder bin auf dem Weg dorthin.

Die ganze Familie »rotiert«!

Um Daniel den Verzicht zu erleichtern und natürlich weil die Rotationsdiät eine wirklich abwechslungsreiche Form der Ernährung ist, haben wir von Anfang an alle zu gleichen Bedingungen unsere Ernährung umgestellt. Ich glaube, so abwechslungsreich wie jetzt haben wir uns zuvor nie ernährt. Vom ersten Tag an, da wir unsere bisherigen Eßgewohnheiten verändert haben, galten diese stets für alle Familienmitglieder. Gleiches Recht für alle – alle für einen ... Und so ganz nebenbei fanden wir zu einer Ernährung, die uns allen Wohlbefinden beschert. Sind wir eingeladen und läßt es sich gar nicht anders regeln als zu essen, was angeboten wird, so fühlen wir uns nicht mehr wohl dabei. Das andere Essen, oder besser die andere Art zu essen, erscheint uns nun so schwer – und das im wörtlichen Sinne. Man ist relativ schnell sehr satt, doch das Sättigungsgefühl hält nicht so lange vor, und man müßte wieder nachlegen. Das ging uns früher immer so, doch waren wir uns dessen nicht bewußt, wir haben es auch nicht anders gekannt. Ich kann mich noch sehr gut erinnern, wie schrecklich manchmal Wochenenden und Feiertage in bezug aufs Essen waren, zudem wenn noch das Wetter keinen Spaziergang zuließ. Frühstück, Mittagessen, Kaffee und Kuchen, Abendbrot und dazwischen vielleicht auch noch Naschereien. Abends war man wie Blei und versprach, am nächsten Tag nichts zu essen. Doch am nächsten Morgen waren die Vorsätze alle vergessen, und man machte sich mit Genuß über die Frühstücksbrötchen her, belegt mit Wurst, Käse oder Marmelade.

Die Sonntage laufen jetzt, was die Zahl der Mahlzeiten betrifft, oft noch genauso ab, doch die zubereiteten Nahrungsmittel sind nicht mehr die gleichen. Wir beginnen den Tag mit selbstgebackenem Brot, Margarine oder Butter (je nach Rotationsplan) und Marmelade. Das reicht gut bis zum Mittagessen, einzig die Kinder verlangen manchmal zwischendurch nach etwas Eßbaren. Dann gibt es Obst oder ein Butterbrot. Da unsere Mahlzeiten nicht mehr überwiegend aus tierischen Nahrungsmitteln bestehen, sind sie leichter verdaulich, und man hat nicht mehr das Gefühl zu platzen. Das angenehme Sättigungsgefühl hält lange und gleichmäßig an, es ist keinesfalls ein Hoch und Tief zwischen sehr satt und wieder hungrig. Nach einem reichhaltigen Essen mit tierischen Produkten wie Milch oder Milchprodukten, Fleisch und Eiern braucht der Körper eine Menge Energie, um diese zu verarbeiten. Der Magen ist randvoll, die Kräfte werden für das Verdauen benötigt. Das ist der berühmte Energieabfall am frühen Nachmittag. Diesen gibt es nun in dieser Form bei uns nicht mehr. Unsere Mahlzeiten bestehen nun aus vielerlei Gemüse, schonend zubereitet ohne schwere Soßen, Getreide, Nudeln oder Reis. An einem Tag in der Woche gibt es, wenn überhaupt, dann nur »leichtes« Fleisch wie etwa Fisch oder Geflügel. Ich persönlich allerdings esse meist überhaupt kein Fleisch mehr, weil ich mich so noch wohler fühle. Ich sehe das aber nicht verbissen. Dazwischen Rohkost oder, wenn erlaubt, Kartoffelchips (selbstgemacht oder aus dem Naturkostladen, weil auch die herkömmlichen mit allerlei Zutaten »verfeinert« sind). Ein Brot oder eine Reiswaffel, etwas Selbstgebackenes, ein Eis *(Rezept im Anhang)*, mal einen Lutscher, Kekse. Wir leiden keinen Hunger, und es ist auch nicht nötig, uns zu bedauern, wie manche Menschen meinen. Unsere Ernährungsweise ist zwar eine Form der Diät, hat aber mit Hungern und reduzierten Kalorien absolut nichts zu tun. Wir essen einfach nur anders. Wie gesagt, können wir aus diesem Grunde am Sonntagnachmittag auch ein Stück Kuchen essen oder zwei, ohne schlechtes Gewissen. Ich backe meist auch die Kuchen ohne Ei und ohne Milch. Das geht sehr, sehr gut, und oft frage ich mich, wieso überhaupt Eier gebraucht werden, zwingend notwendig sind sie nicht immer. Ich habe zwei Standardkuchen, die ich mit wechselndem Belag serviere, so daß sie nicht langweilig werden, oder ich backe Kleingebäck.

An sich selbst glauben
Wenn Sie sich also entschließen sollten, den Weg der Ernährungsumstellung zu gehen, dann sollten Sie dies zunächst innerhalb der Familie besprechen. Beziehen Sie die Kinder mit ein. Es wäre absolut falsch, ohne Erklärung eine Veränderung herbeiführen zu wollen. Denn gerade das Vorhaben einer vielleicht starken Essensumstellung erfordert die Beteiligung, Mitarbeit und Kraft aller. Ich fände es qualvoll, nur den Hypie umzustellen, während alle anderen ihre Eßgewohnheiten beibehalten. Das kann man vielleicht bei hyperaktiven Jugendlichen anstreben, wenn sich diese das zutrauen. Bei Kindern aber wäre das seelische Grausamkeit. Rechnen Sie auch damit, daß die Unverträglichkeit ganz grundlegende Dinge betreffen kann, die ihr Leben zunächst stark beeinträchtigen. Sie können es schaffen, doch überprüfen Sie sich und Ihre Familie. Sie kennen sie am besten. Denn Sie sollten Ihre Entscheidung konsequent verfolgen, auch wenn Erfolge zunächst nicht sichtbar sind. Sollten diese noch nicht sichtbar sein, kann ein Gespräch mit Ihrem Klinischen Ökologen helfen. Geben Sie nicht gleich auf, und lassen Sie sich nicht von Kritikern verunsichern.

Es geht um Ihr Kind, um Ihre Familie. Oft zeigen sich die Leute kritisch, die selbst von dem Problem nicht persönlich betroffen sind (das schließt Ärzte mit ein!). Auch müssen Sie sich darüber im Klaren sein, daß das Ganze nicht einen Zeitraum von wenigen Wochen betrifft. Das können Jahre sein. Haben Sie selbst die Kraft dazu? Denn nur dann können Sie Ihrer Familie Kraft geben, wenn diese sie braucht. Ich will sie keinesfalls entmutigen, im Gegenteil. Ich glaube an die Kraft der Menschen. Doch wäre es der falsche Weg, Sie hier überzeugen zu wollen, Zweifel werden zunächst immer bestehen. *Sie selbst* müssen überzeugt sein. Sie können viel bewirken.

Sie können Ihrem Kind helfen. Doch überprüfen Sie sich zunächst selbst. Ich glaube aber, daß in den meisten Fällen der Leidensdruck so groß ist, daß Sie, genau wie wir, die Kraft haben werden. Denn man hat ja ein durchaus positives Ziel vor Augen. Schlechter als Ihre jetzige Situation kann es nicht werden. Im schlimmsten aller Fälle verändert sich nichts. Doch verlangen Sie nicht mehr Kraft und Mitarbeit von Ihrem Kind, als Sie selbst bereit sind zu geben.

Wenn Sie also die Vermutung haben, Ihr Kind könnte von einer Nahrungsmittelunverträglichkeit betroffen sein, dann sollten Sie zunächst einen Arzt oder Therapeuten aufsuchen, der sich »auskennt«. Im Zweifelsfalle kann die zuständige Ärztekammer sicher Auskunft geben. Bestätigt sich dann der Verdacht tatsächlich, dann lassen Sie den Kopf nicht hängen, und hadern Sie nicht mit Ihrem Schicksal. Es ist nicht so, daß man gar nichts tun kann. Es hängt natürlich viel von Ihnen und Ihrer Familie ab. Das hyperkinetische Syndrom gehört zu den Erkrankungen, die ein sehr hohes Maß an Eigeninitiative erfordern. Seien Sie kritisch, und beurteilen Sie selbst. Denken Sie an Ihr Kind und daran, wie sehr es doch ein angenehmes Leben verdient hat. Nochmal: Es ist kein Unmensch. Nein, es ist ein ganz bedürftiges Kind. Überdenken Sie Ihre Maßstäbe, und legen Sie gegebenenfalls neue an. Vergleichen Sie nicht mit anderen Kindern, denn das wäre dem Hypie gegenüber ungerecht. Er wird diese Erwartungen nicht erfüllen können, jedenfalls nicht in dem Maße, wie Sie es vielleicht gerne hätten. Beobachten Sie Ihr Kind, es hat so viele gute Seiten. Bitten Sie Ihren Arzt, Ihnen auf der Suche nach anderen Behandlungsmethoden jenseits der medikamentösen zu helfen. Behalten Sie sich letztere nur als Notnagel vor.

Ein guter Arzt wird in Ihrem Sinne und dem Ihres Kindes handeln, eventuell auch gegen seine innere Überzeugung. Wenn er die medikamentöse Therapie für die einzig erfolgreiche ansieht, dann kann er ja von seinem Standpunkt aus »in Ruhe« darauf warten, daß Sie letzten Endes doch darauf zurückkommen. Und wenn nicht, dann sollte er sich für Ihr Kind freuen. Denn es kann wohl nicht im Sinne eines Arztes sein, nur Medikamente zu geben. Auch Ärzte sollten andere Methoden achten und akzeptieren. Das macht nach meiner Meinung einen guten Arzt aus. Ich weiß aus eigener Erfahrung, daß es sehr schwer ist, einen solchen Mediziner »aufzutreiben«. Doch ich weiß auch aus eigener Erfahrung, daß es möglich ist. Ein guter Arzt, dem Sie vertrauen können, ist sehr wichtig. Als nächstes wenden Sie sich an einen Klinischen Ökologen, oder informieren Sie sich beim Institut für Umweltkrankheiten, wie die nötigen Tests in Zusammenarbeit mit dem Hausarzt vor Ort durchgeführt werden können. (Ich denke da aus persönlicher Erfahrung an einen ganz bestimmten: Dr. Runow), der die notwendigen Tests vornimmt. Parallel dazu können Sie sich eine Mahlzeitenliste anlegen, die unter Umständen sehr hilfreich sein kann. Bestehen Sie auf einer Untersuchung des Darmes auf Pilzbefall. Ist das Vorkommen an Vitaminen- und Spurenelementen ausreichend oder erhöht? Liegt eine toxische Belastung vor? Chemikalienunverträglichkeit? Keine Angst, Ihnen wird geholfen, suchen Sie sich dazu die richtigen Leute, die Ihr Vertrauen verdienen und denen Sie guten Gewissens glauben können. Sie müssen das Gefühl haben, gut aufgehoben zu sein. Seien Sie unermüdlich auf dem Weg, Ihrem Kind zu helfen. Doch sollten Sie auch aufpassen, denn alles kann zur Gratwanderung für Sie werden, bei der Sie der Gefahr unterliegen, über all den möglichen Untersuchungen und Veränderungen Ihr Kind zu »vergessen«. Was ich sagen will, ist folgendes: Es kann zu einer Art »Sucht« werden, stets noch etwas verbessern zu wollen. Hier noch ein bißchen und da. Sind die Spielsachen in Ordnung, oder rührt auch von hier noch eine Gefahr? Da kann es leicht passieren, daß man »hysterisch« wird, gerade wenn man erste Erfolge zu verbuchen hat. Doch Ihr Kind ist ein Mensch! Kein Zustand, den es zu perfektionieren gilt. Seien Sie fleißig, aber machen Sie aus Ihrem Kind keinen »Job«!

Die Rotationsdiät nicht als Einschränkung verstehen

Ich halte also die Rotationsdiät für unbedingt praktikabel. Entgegen so vieler Kritiken. Ich glaube nicht, daß meine Kinder einen Mangel erleiden müssen. Klar mag es manchmal schwierig erscheinen, so zu leben, doch was ist die Alternative? Es geht doch um unser Kind, und wäre die Gesellschaft nicht derart konsumfixiert hinsichtlich der Nahrungsmittel, wäre es leichter. Denn dann würde es zum Beispiel die Werbung nicht in dieser Intensität geben. Manchmal habe ich das Gefühl, daß wir auf einer Insel leben mit einer Reiswaffel in der Hand und hinübersehen zum Festland, wo alle stehen und kauen, mampfen, schlucken ... Das kostet dann Kraft, doch wir werden stets alles für unser Kind tun, und faktisch fühlen wir uns auch wohler mit unserer Ernährung, zumal es ja auch ohne Zweifel hilft. Es ist die Umwelt, die es uns oft schwer macht. Auf jeder Medikamentenpackung steht der Satz: »Zu Risiken und Nebenwirkungen lesen Sie die Packungsbeilage ...«. Daß aber auch ganz natürliche, ja sogar eigentlich gesunde Nahrungsmittel für andere ein Risiko darstellen können, wer macht sich darüber schon Gedanken? Zwar sind es viele, die Unverträglichkeiten gegenüber den unterschiedlichsten Dingen haben, und noch viel mehr, die täglich welche bekommen, doch im Verhältnis gesehen ist das eine Minderheit, deshalb ist da auch kein wirkliches Interesse, etwas zu verändern. Wir halten an unserer Ernährung fest, denn was sie bei unserem Sohn schaffte, haben wir mit Ritalin® nicht erreicht. Da war Daniel einfach nur ruhig, zu ruhig (mit Sicherheit aufgrund einer viel zu hohen Dosierung) und sonst gar nichts.

Manche Menschen glauben, daß Daniel durch die Diät zum Außenseiter wurde. Das war er aber schon vorher und ist es leider auch geblieben. Daniel hatte schon von jeher Kontaktschwierigkeiten. Ich bringe das aber nur indirekt mit seiner gesundheitlichen Problematik in Verbindung. Durch die vielen Maßregelungen, die er aufgrund seines Verhaltens bekam, verringerten sich sein Vertrauen in die Menschen und sein Selbstbewußtsein so stark, daß er sich in sich zurückzog und aus dieser Sackgasse keinen Ausweg findet.

Diese Form der Diät ist absolut legitim und ist vor allem im Vergleich zu unserem vorherigen Leben nicht annähernd so anstrengend, wie viele meinen. Der Weg ist zu Beginn nicht leicht, das ist klar; auch dauert es eine ganze Weile, bis sich alles eingespielt hat. Aber mit Liebe und Geduld, auch mit Konsequenz, ist der Weg auf alle Fälle gangbar. Für alle Beteiligten. Und hätte ich Jahre früher gewußt, was ich heute weiß, oder hätte ich mich nur früher eigenverantwortlicher um unsere Probleme gekümmert und den Ratschlägen und Bemerkungen seitens der Beratungsstellen und Psychologen kritischer gegenübergestanden, hätte unser häusliches Leben schon früher besser werden können, wenngleich auch von Seiten der Schule die Hiobsbotschaften nicht abreißen. Ich denke aber, daß Daniels Konzentrationsfähigkeit nicht nur zu Hause eindeutig besser ist. Ich sehe das auch an seinen Hausaufgaben, da hat er Riesenfortschritte gemacht.

Unser Junge lebt, und er hat das Recht, unterstützt, geliebt, geachtet und angenommen zu werden. So wie er ist. Wir werden immer zu ihm halten, ganz gleich was passiert ...

Ergebnis der Ernährungsumstellung

Ich will im folgenden versuchen, Daniels früheren und seinen momentanen Zustand gegenüberzustellen:

Vor der Ernährungsumstellung	Nach der Ernährungsumstellung (unbedingt abhängig von verzehrten Nahrungsmitteln!)
hyperaktiv, unkontrolliert, planlos	der Hang zum Hyperaktiven ist geringer, aber in gewissem Maße immer noch gegeben
aggressiv	freundlicher, fröhlicher, nicht mehr so schwermütig, lacht viel öfter, scheint irgendwie mehr Spaß zu haben (das ist aber unbedingt abhängig von seinen schulischen Erlebnissen), ausgeglichener, launisch, gelegentlich unzufrieden (auch weil er in seinem vorherigen Chaos einfach nicht gelernt hat, wie er mit seinen Gefühlen und Empfindungen umgehen kann; wie er sie seinem Umfeld darstellen und auch ausleben kann ... Nachholbedarf!)
unkonzentriert	verbesserte Ausdauer bei Gesellschaftsspielen etc., malt besser, interessiert sich für Zahlen, kann sich über Dinge oder Unternehmungen freuen, ist in der Lage, Spaß zu haben, ohne ständig zu mäkeln

Vor der Ernährungsumstellung	Nach der Ernährungsumstellung (unbedingt abhängig von verzehrten Nahrungsmitteln!)
impulsives Verhalten	teilweise immer noch impulsiv (weil kein anderes Verhaltensmuster gelernt ... Nachholbedarf!)
Einnässen, fast jede Nacht	kein Einnässen mehr! (sehr wichtig, denn Einnässen geht doch sehr auf die Psyche des Kindes)
jeden Abend Einschlafschwierigkeiten, unruhiger Schlaf	keine Einschlafprobleme, schläft ruhiger
häufige Ohrinfektionen	keine Ohrinfektionen mehr!
eingeschränkte motorische Fähigkeiten, kein Interesse an Sport	verbesserte Motorik (doch nach wie vor noch Schwächen, s. u.) Interesse an sportlicher Betätigung und auch in dieser Hinsicht nicht mehr so plump in den Bewegungen, gibt nicht gleich auf ...
vermindertes Schmerzempfinden, hat Verletzungen meist nicht realisiert	ist nun durchaus in der Lage zu merken, wenn er sich verletzt hat, obgleich er nicht weint vor Schmerz

Vor der Ernährungsumstellung	Nach der Ernährungsumstellung (unbedingt abhängig von verzehrten Nahrungsmitteln!)
keine erkennbaren körperlichen Schwächen bei Fieber oder grippalen Infekten. Selbst bei Fieber nicht zu bändigen.	ganz normale Reaktion bei Fieber und grippalen Infekten. Zeigt sich nun richtig krank. Liegt im Bett und muß seine Krankheiten erleben. Ist nun jedesmal erstaunt, denn das kannte er bisher nicht ...
starker Durst	Durst normalisiert
keine Wahrnehmung von Temperaturen, kein Frieren, merkte nicht, wenn er schwitzte, wäre auch im Winter mit kurzer Hose herumgelaufen ...	schwitzt und friert, das heißt er nimmt dies wahr

»Einfach« werden Hypies nie

Um Enttäuschungen zu vermeiden, ist es mir wichtig darauf hinzuweisen, daß aus einem hyperaktiven Kind auch mit Umstellung der Ernährung kein »einfaches« Kind wird. Ein Neurodermitiker bleibt ein Neurodermitiker, ein Diabetiker bleibt ein solcher und ein Hyperkinetiker bleibt auch das, was er ist. Nur wird, wie in den beiden anderen Fällen, auf die Symptomatik Einfluß genommen, durch Meiden der persönlichen Allergene oder Zusatzstoffe. Das alles trifft aber genauso auf die medikamentöse Therapie zu.

In unserem Falle bedeutet das, daß Daniel nach wie vor temperamentvoll ist, er hat seine guten und seine schlechten Tage. Doch ist er nicht mehr so unkontrolliert. Es ist auch eher die Frage, welchen

Maßstab man an ein hyperaktives Kind anlegt. Nicht selten ist es möglich, daß ein Kind durch Ernährungsumstellung seine Schwierigkeiten nahezu völlig verliert. Doch auch wenn dies nicht der Fall ist und »nur« eine partielle Besserung eintritt, so ist auch dies so viel wert, daß es sich lohnt, diesen Weg zu gehen. Kinder, die als hyperaktiv diagnostiziert wurden, tragen auch nach Umstellung der Ernährung immer eine unsichtbare »Brandmarke« mit sich herum. Seltsamerweise konnten wir diese Erfahrung während der Zeit von Ritalin® nicht machen. Offensichtlich liegt das Vertrauen des Umfeldes doch eher bei Medikamenten. Ich bedaure das sehr! Ich will damit sagen, daß Hyperkinetiker auch nach der Umstellung anders als andere Kinder von ihrem Umfeld beobachtet werden und ihre Verhaltensweisen anders, schärfer wahrgenommen werden. Hier ist die Gefahr, daß manche den Eindruck bekommen, es hätte sich gar nichts geändert, da partielle Besserungen leicht übersehen werden. Ich denke, das passiert weniger den Eltern als Betreuern, Lehrern oder Fremden. Das kann aber auch daran liegen, daß man sich an den »neuen« Zustand in gewisser Weise gewöhnt und geneigt ist zu vergessen, wie das ursprüngliche Leben mit diesem Kind, seine Verhaltensweisen gewesen sind. Man schraubt dann unbewußt seine Anforderungen an das Verhalten höher.

Es ist aber auch so, daß die »Brandmarke« immer sichtbar bleibt. Wenn also irgendwo ein Stuhl umfällt, dann fallen die Blicke zuerst auf das hyperaktive Kind. Wenn es irgendwo Streit gibt, dann ist man schnell mit den Gedanken dabei, das »Hypiekind« zu verdächtigen. Das alles spüren diese Kinder. Leider. Und es ist möglich, daß sie sich deshalb auch nach wie vor schlecht motivieren lassen, sich anzustrengen. Denn es heißt sowieso allzu oft: »Das warst sicher du. Wie immer ...« Ich bekomme von Daniel oft zu hören: »Immer soll ich es gewesen sein. Man glaubt mir nicht. Ich war es wirklich nicht!« Hier liegt, wie ich finde, ein großes Problem. Denn es kann dann passieren, daß man Veränderungen nicht in dem Maße würdigt, wie sie es wert sind. Aus einem hyperaktiven Kind wird niemals ein Träumer, ein »braves«, unauffälliges Kind. Das hängt auch damit zusammen, daß das Kind im Laufe der Zeit Dinge, Reaktionen, Verhaltensmuster übernommen hat, die es dann erst mühsam umlernen muß. Geduld ist also auch nach der Ernährungsumstellung unbedingt erforderlich. Auch Wahrnehmungsstörungen und motorische Schwierigkeiten verschwinden durch die Umstellung nicht sofort völlig. Nur ist das Kind eher in der Lage, therapiert zu werden, weil es aufnahmefähiger ist als zuvor. Es kann bei der Therapie besser mitmachen, besser folgen usw. Das war auch bei Daniel nicht anders. Wir gehen nun einmal wöchentlich zur psychomotorischen Therapie, und es fällt mir sehr schwer, mir vorzustellen, daß der Junge schon für die Anforderungen einer Therapie zugänglich gewesen wäre, wenn wir vor etwa einem Jahr mit dieser Therapie begonnen hätten.

Aus den meisten Reaktionen der Umwelt müssen wir leider erfahren, daß unsere Erfolge nicht gesehen werden oder besser: gesehen werden wollen?? Springt unser Junge, ist er laut oder wild, dann kann man an den Augen der anderen erkennen, was sie von unserem Weg halten. Doch was will man eigentlich??? Es sollen doch Kinder sein, mit allen Ecken und Kanten, und keine Duckmäuser, die einfach zu lenken sind. Es geht doch schlicht und ergreifend darum, aus diesen armen Kindern Menschen zu machen beziehungsweise sie Mensch werden oder sein zu lassen. Nicht um mehr und nicht um weniger. Das Ziel soll sein, ihnen zu helfen, sich und ihren Mitmenschen mit ihren Aktivitäten und den damit verbundenen Problemen nicht dauernd im Wege zu stehen. Man darf nicht den Fehler machen, die Erwartungen an die Ernährungsumstellung und auch die Anforderungen an das Kind während der Umstellung und danach zu hoch zu stecken. Das schafft Druck, der sich dann auch wieder auf das Kind legt, und der Teufelskreis fängt von vorne an. Nur hat er dann einen anderen Namen ...

Zusätzliche Therapien sind wichtig

Wie bereits erwähnt, gehen wir mit Daniel nun zur Psychomotorischen Therapie. Einmal wöchentlich, etwa eine Stunde. Wir haben uns nach der Ernährungsumstellung noch einmal zu einer Motopädin begeben. Einfach um festzustellen, wo noch Daniels Defizite liegen. Sein Hauptproblem liegt in der verminderten Koordinationsfähigkeit seiner Muskeln. Zum Beispiel hält er beim Schreiben den Stift dermaßen verkrampft, daß ihm nach wenigen Buchstaben der Arm wehtut und seine Stifte entweder abgebrochen oder vorne »breit« geschrieben sind. Es ist ihm nur schwer möglich festzustellen, wie fest oder wie sanft er etwas anfassen muß. Diese Koordinationsprobleme beziehen sich aber auch auf die Auge-Hand- und die Hand-Fuß-Koordination. Das ist sein Hauptproblem, aus dem natürlich wieder andere Schwierigkeiten entstehen ... Der Therapeut meinte bei einem Gespräch, daß Daniel nach seiner Auffassung kein hyperaktives Kind sei (!!!). Ich freue mich, sagen zu können, daß er Daniel erst nach unserer Ernährungsumstellung kennengelernt hat. Das heißt doch was?! Er sehe Daniel als cleveren Jungen, der sehr gut durch Beobachten lernt und alles ganz bewußt wahrnimmt, jeden Körperkontakt usw. Seine größte Schwierigkeit läge in seinem sozialen Verhalten, und das ist auch der Grund, weshalb wir an der Therapie festhalten. Er befindet sich dort in einer kleinen Gruppe von vier Jungs, und vielleicht ist das eine gute Möglichkeit für ihn, seine autistischen Züge abzulegen. Wenngleich ich zwar auch dort schon beobachtet habe, daß Daniel nicht dazugehört. Die anderen Kinder spielen gemeinsam, und er ist außen vor. Das ist zumindest bei eventuellen Wartezeiten vor der Therapie so.

Daniel ist noch nicht immer in der Lage, Prioritäten für sich zu setzen und andere Reize abzublocken. In bestimmten Situationen, etwa wenn er sich in großer Gesellschaft befindet oder Chaos um ihn herum ist (viele Reize), fängt er an, in seinem Verhalten zu zerfließen. Wie ein Brei, den man auf dem Tisch auskippt. Doch er hat in dieser Hinsicht schon ein kleines bißchen gelernt, wie er sich selbst ein gewisses Maß an Halt geben kann. Er hält dann unbewußt seine Hände vor oder hinter dem Körper fest verschränkt. Das gibt ihm einen Halt. Es ist vergleichbar mit einer Schüssel, die man schnell über einen zerfließenden Brei stülpt. Ein Teil zerfließt, ein Teil bleibt in der Schüssel. Das ist eine sehr positive Gewohnheit, und je älter Daniel wird, um so mehr wird er lernen, wie er sich selbst besser im

Griff halten kann. In vielen Dingen muß er sich selbst kennenlernen und somit auch lernen, sich mehr zuzutrauen, seine Fähigkeiten zu erkennen und selbstbewußt zu sich zu stehen. Auch hier sollte wieder der Maßstab nicht zu hoch angesetzt werden. Auch hier gibt es wieder die alten Gewohnheiten und die Erfahrungen, die die Kinder in der Vergangenheit mit sich selbst gemacht haben und die erst abgelegt werden müssen. Es muß ein neuer Glaube an sich selbst entstehen.

Daniel hat also noch viel zu lernen. Er muß vieles aufholen und auch die altersentsprechenden Dinge lernen, er muß also doppelt lernen.

Wie bereits beschrieben, wird unserem Weg oft keine Unterstützung geboten. Dabei handelt es sich meist um außenstehende Personen. Doch, und darüber bin ich froh, Verwandte, Bekannte, Freunde, sie alle halten zu uns und bestätigen uns in unseren Erfolgen, wenn die Kritik wieder einmal allzu groß ist und man sich zu fragen beginnt, ob man vielleicht etwas in das Kind hineininterpretiert, was gar nicht existiert. Ich dachte immer, ich bin gegen »Angriffe« von außen mittlerweile gefeit, aber dann, dann merke ich, daß ich doch von Zeit zu Zeit alles wieder neu überdenke. Eigentlich ungeheuer, was die Reaktionen oder Äußerungen Fremder »anrichten« können. In solchen Situationen ist dann immer wieder mein Glaube gefragt. Mein Glaube an die Sache und an unseren Jungen. Ich muß auch glauben, denn ich muß stark sein für unser Kind. Er braucht seine Familie doch so sehr ...

Wie es weitergeht

Als ich den Text für mein Buch längst abgeschlossen hatte, trat eine Veränderung ein, die dieses Nachwort notwendig machte. Es ist mir ein großes Anliegen, bis zum Erscheinen dieses Buches, soweit dies möglich ist, alle noch auftretenden Veränderungen mitzuteilen. Das heißt natürlich auch, daß, wenn Sie jetzt dieses Buch in den Händen halten, sich sicherlich schon wieder einiges verändert hat, in welche Richtung auch immer. Wir haben in den letzten Wochen erfahren müssen, wie schnell sich alles ändern kann. Für dieses Buch ist das insofern von Bedeutung, als daß es niemals ein endgültiges Ende haben kann. Es ist wie bei der Ziehung der Lottozahlen: »ohne Gewähr«. Dies gilt in bezug auf Daniels Zustand und auf die damit verbundenen Neuerungen in unserem alltäglichen Leben.

Einige Wochen vor den Sommerferien bemerkten wir, daß sich Daniels Zustand verschlechterte. Zwar war sein ursprünglicher Zustand noch lange nicht erreicht, doch waren viele Erfolge, die wir nach der massiven Ernährungsumstellung erreicht hatten, nicht mehr spürbar. Seine Intoleranz nahm zu, die Sprache verschlechterte sich (der Mund scheinbar verkrampft), auch in seinen Leistungen beim Malen oder ähnlichem ließ Daniel nach, er war im Ganzen verhaltensauffälliger als zuvor ...

Wir konnten uns keinen Reim darauf machen, hielten wir uns doch nach wie vor konsequent an den Ernährungsplan. Sollte Daniel nach nur knapp einem halben Jahr bereits neue Reaktionen gebildet haben? Worauf? Konnte das sein, in der Kürze der Zeit? Es konnte ... Die letzten drei Wochen der Sommerferien waren dann auch hauptsächlich von »gesundheitlichen« Unternehmungen geprägt. Zum einen bekam ich schon vor längerer Zeit die Information, daß eine Winkelfehlsichtigkeit der Augen als Ursache von Konzentrationsschwierigkeiten mit in Betracht kommt. Eine solche visuelle Wahrnehmungsstörung, bedingt durch ein Ungleichgewicht der Augenmuskulatur, bedeutet nämlich für den Betroffenen, daß beide Augen auf bestimmte Entfernungen hin nicht den gleichen Punkt fixieren können. Dadurch kann das Gehirn die beiden Bilder der einzelnen Augen nicht oder nur unzureichend zu einem Gesamtbild zusammenfügen. Es entsteht ein ungenaues Bild, welches das Gehirn zu kompensieren versucht. Dabei wird eine hohe Leistungskapazität in Anspruch genommen, die dann bei der Konzentrationsfähigkeit fehlt. Die Folgen sind unter anderem Konzentrationsschwierigkeiten und mangelnde Ausdauer beim Lesen. Man kann bei einer solchen Fehlsichtigkeit mit einer Prismenbrille abhelfen. Ich beschloß, noch in den Sommerferien Daniels Augen untersuchen zu lassen. Um ihm wieder einmal nicht das Gefühl zu geben, er sei »anders« als sein Bruder, wollten wir Jonas ebenfalls auf ein solches Sehdefizit hin untersuchen lassen.

Erneute Untersuchungen

Da Bonn für uns die nächste Anlaufstelle für eine solche Untersuchung war, vereinbarte ich dort einen Termin bei einer spezialisierten Augenoptikerin. Außerdem beschlossen wir im Hinblick auf Daniels verschlechtertes Verhalten, ihn ebenfalls in den Sommerferien noch einmal auf Nahrungsmittelunverträglichkeiten und auf Schadstoffe wie Lindan, Formaldehyd oder PCB sowie Pollen, Schimmelpilze und toxische Belastungen im Blut und auf Pilzbefall des Darmes untersuchen zu lassen. Wir bekamen auch hier sehr unkompliziert einen Termin. So kam es dann, daß wir mittwochs zur Augenuntersuchung waren und am Tag darauf bei »unserem« Arzt. Es war schon Streß, denn wir hatten auch stets die bevorstehende Einschulung in die Regelgrundschule vor unserem geistigen Auge. Doch genau deshalb war es uns auch wichtig, mögliche noch nicht aufgespürte oder neu entstandene Ursachen zu finden und beseitigen zu können.

Die Augenoptikerin konnte bei keinem unserer Söhne eine Winkelfehlsichtigkeit feststellen. Zum Glück ... Allerdings stellte sie bei Daniel eine Kurzsichtigkeit im Bereich von 1,5 beziehungsweise 0,25 Dioptrien fest. Dies machte eine Brille notwendig, worauf er erst einmal in Tränen ausbrach. Logisch, bei dem geringen Selbstbewußtsein, unter dem er nach wie vor leidet. Was uns aber noch mehr überraschte, war die Tatsache, daß Jonas sowohl weit- als auch kurzsichtig ist. Und zwar mit den Werten 6,75 beziehungsweise 2,5. War das möglich? Wir hatten niemals Verhaltensweisen feststellen können, die eine Sehbehinderung vermuten ließen. Und dann auch noch so stark. Kein Kinderarzt hatte uns jemals nahegelegt, auch nur routinehalber einen Augenarzt aufzusuchen. Man erklärte uns, daß sich die Weitsichtigkeit noch hätte geben können, wenn wir mit Jonas früher gekommen wären. Da er aber nun schon fünf Jahre alt sei, sei die Wahrscheinlichkeit einer Heilung eher gering.

Na, das paßte ja wieder einmal toll zu uns. Wenn irgendwelche unerwünschten Dinge des Lebens verteilt werden, dann sind wir offensichtlich, ohne es zu wissen, jedesmal die Ersten, die ihre Hände heben und »hier« rufen. An sich ist an einer Brille nichts Schlimmes, doch wenn man wie wir gesundheitlich schon so strapaziert ist, dann kann einen selbst ein harmloses »Nasenfahrrad« aus der Bahn werfen. Am nächsten Tag fuhr mein Mann mit Daniel nach Bad Emstal, und diesmal ließ Daniel sich ganz tapfer Blut abnehmen. Bereits wenige Tage später erhielten wir das erste Testergebnis bezüglich der Nahrungsmittel. Wir fielen in ein tiefes Loch: Es hatten sich so viele neue Reaktionen gebildet. Wie konnte das passieren? Wir waren wirklich pedantisch, wenn es um unseren Rotationsdiätplan ging. Doch eigentlich kam mir dieses Ergebnis realistischer vor als das erste. Waren beim ersten Test die typischen Allergene überwiegend reaktionslos geblieben, zeigte sich jetzt, daß sie Daniel doch zusetzten. So empfand ich die Menge der unverträglichen Nahrungsmittel des ersten Tests jetzt im nachhinein als »lächerlich wenig«. Das zeigte uns doch eigentlich nur, daß zu jeder Zeit, in jeder Minute, im Körper Dinge vor sich gehen, die wir nicht sehen oder nicht fühlen können. Die ganzen Abläufe im Körper sind sehr komplex, und er reagiert auf alles, was mit ihm geschieht, allerdings meist unmerklich. Erst dann, wenn der Körper nicht mehr in der Lage ist, etwas aufzufangen oder zu kompensieren, dann kommt es zu den verschiedensten Krankheitssymptomen, und erst jetzt bemerken wir, daß sich in uns etwas verändert hat. Wir dachten, die Welt bliebe stehen und es sei alles aus.

Neue Unverträglichkeiten

Wir warteten also erst einmal unseren neuen Diätplan ab. Und als dieser dann endlich im Briefkasten lag, staunten wir noch einmal. Es wiederholte sich alles. Es gab mehr, was wir essen konnten, als wir vermutet hatten. Ich muß an dieser Stelle sagen, rein theoretisch hätte ich mit dem alten Plan als Grundlage selbst einen Plan ausarbeiten können. Doch als uns das Testergebnis mitgeteilt wurde, fühlte ich mich, als ob ich meinen Kopf unter dem Arm trüge. Ich erlebte die nächsten Tage wirklich wie in Trance. Wie sollte das alles weitergehen. Ich war also nicht in der Lage, uns zu helfen. So bat ich »unsere« Ernährungswissenschaftlerin, uns einen überarbeiteten Plan zukommen zu lassen, der uns dann wirklich die Ängste nahm. Irgendwie gelang es uns, dem Ganzen noch etwas Positives abzugewinnen, nämlich das Geschehene als Abwechslung in unserem Speiseplan zu sehen. Es kamen Dinge hinzu, aber es mußten auch eine Menge Lebensmittel gestrichen werden.

Was folgte, waren natürlich wieder Tage in Reformhäusern und in meinem angestammten Naturkostladen. Wieder Zutatenlisten lesen, wieder Briefe an Nahrungsmittelhersteller schreiben und um Zusendung einer genauen Zutatenliste bitten (was mittlerweile zu einem festen Bestandteil meiner Arbeit als Hausfrau geworden ist – Korrespondenz mit Herstellern), wieder anders kochen lernen. Hier muß ich allerdings die Deklaration der Nahrungsmittelhersteller kritisieren. Von Zusatzstoffen beziehungsweise deren Verschlüsselung durch E-Nummern will ich hier gar nicht reden. Aber ich mußte zum Beispiel auch lernen, daß Ziegenkäse nicht gleich Ziegenkäse ist, nein er besteht unter Umständen nur zum Teil aus Ziegenmilch und enthält einen Anteil von Kuhmilch. Das ist für Allergiker sehr erschwerend. Warum, frage ich mich, deklariert man in solchen Fällen nicht genau, aus welchen Bestandteilen zum Beispiel ein Käse hergestellt ist? Leider sind oft auch in der Naturkostbranche Bestandteile in der Zutatenliste nicht genau verzeichnet. Da liest man dann zum Beispiel Stärke (... welche denn, Reis-, Mais- oder Weizenstärke?), Gewürze (welche?), Küchengemüse (welches?). Allerdings antworten die Naturkosthersteller meist wirklich umgehend und überaus freundlich und hilfsbereit. Bei der nun erforderlichen Ernährungsumstellung kamen mir natürlich meine bisherigen Kochkünste und -erfahrungen zugute, und es handelte sich diesmal nur um Tage, bis wir in den neuen Plan hineingefunden hatten.

Einige Tage später kamen die noch fehlenden Testergebnisse und damit die nächste Hiobsbotschaft:

1. Pilzbefall im Darm – Behandlung dieses Befalls mit diversen Medikamenten, das hieß, außerdem noch einige Dinge von unserem Ernährungsplan zu streichen. Und zwar die Dinge, die das Pilzwachstum besonders begünstigen wie Zucker jeder Art, auch Dicksäfte, Honig, schnell verwertbare Kohlehydrate, Stärke, Auszugsmehle oder Trockenfrüchte.
2. Keine Reaktion auf Schadstoffe – super, doch mit Vorsicht zu sehen, denn was nicht ist, kann ja jederzeit noch kommen, das haben wir ja nun schon einmal erlebt.
3. Toxische Belastung mit Aluminium – muß mit Vitaminpräparaten ausgeleitet werden.
4. Und das war unser größter Hammer – sehr starke Reaktionen auf Pollen, Baum und Gräserpollen, früh- und spätblühend.

Die Pollen also. Was konnten wir tun? Hieß das, Daniel für die gesamte Blütezeit ins Haus einzusperren oder daß er dieses nur noch mit Atemmaske verlassen kann? Ich rief umgehend im Institut an und erfuhr, daß eine Hyposensibilisierung notwendig sei. Wieder spritzen und zwar erst einmal, um herauszufinden, welche Lösungskonzentration die richtige für Daniel ist, um seinen Körper langsam an die Allergene zu gewöhnen, und im Anschluß daran ein halbes bis ein Jahr lang im Abstand von vier Tagen die Lösung zu spritzen. O nein ....

Ich vereinbarte gleich einen Termin zum Austesten. Das waren zwei Tage, denen ich mit größtem Schrecken entgegensah. Ich buchte uns kurzfristig ein Hotel mit Frühstücksbuffet und vereinbarte dort gleich, daß ich mein hefefreies Knäckebrot mitbringen würde. Was die anderen Lebensmittel anbelangte, so mußte ich beide Augen zudrücken, denn ich wollte Daniel keine Medikamente geben, die die

Reaktion des Essens auffangen. Dies hätte das Testergebnis beeinflussen können. Die ersten zwei Spritzen waren weniger schön, doch dann war Daniel wirklich tapfer. Er ließ sich dann auch ganz alleine seine Spritzen geben, ich konnte mit dem Arzt reden oder mal an die frische Luft gehen. Wir waren während des Austestens mit anderen Patienten in einem Raum, und es kam so etwas wie ein Gefühl von Verwandtschaft auf. Hatten wir doch alle irgendwie das gleiche Problem, wenn auch in unterschiedlichen Varianten.

 Das Austesten läuft nach folgendem Schema ab. Es gibt von jedem Allergen verschiedene Konzentrationsstufen. Gespritzt wird zuerst meist mit einer mittleren Stufe, um etwaige starke Reaktionen zu vermeiden. Direkt nach dem Einspritzen in die Haut des Oberarms wird dann die Quaddel, die sich nun bildet, gemessen und notiert. Nach zehn Minuten wird erneut gemessen. Zeigt sich keine Vergrößerung, hat keine Reaktion stattgefunden. Hat sich die Quaddel vergrößert, fand eine leichte bis starke Reaktion statt, je nach Größe der gebildeten Quaddel. Die Konzentration, bei der sich zum erstenmal keine Veränderung zeigt, ist die, die man zum Hyposensibilisieren braucht. So nähert man sich den benötigten Konzentrationen, die am Ende des Austestens zu einer Lösung zusammengestellt werden, die man spritzt, um den Körper langsam an das bisher für ihn unverträgliche Allergen zu gewöhnen.

 Bei Daniel allerdings zeigten sich, wie bereits beim allerersten Austesten auf Nahrungsmittel im vergangenen Jahr, keine nennenswerten Quaddeln. Weder am ersten noch am zweiten Tag. Das bedeutete, daß man ihn nicht hyposensibilisieren kann. Ich vergleiche das mit einer leeren Autobatterie, die man aufladen möchte, ohne ein Ladegerät zur Verfügung zu haben. Uns bleibt jetzt nur noch die Möglichkeit, auftretende Reaktionen nach dem Verzehr von Lebensmitteln oder dem Inhalieren von Pollen möglichst einzudämmen. Das geschieht entweder in Form von Tabletten oder eben mit Spritzen. Diese haben wir zu Hause und können Daniel so bei Bedarf helfen.

Doch wieder Probleme in der Schule

Bei einem kurz nach der Einschulung in die erste Grundschulklasse stattfindenden Elternabend erfuhren wir von Daniels neuer Lehrerin, daß es in der Schule nicht schlecht liefe. Erst dachten wir, uns verhört zu haben, doch dann war da nur noch Freude. So waren wir dann etwa zwei Wochen später überrascht, als wir abends einen Anruf von ihr erhielten und es uns wieder einmal wie ein Keulenschlag traf.

Wir kamen gerade von einem nicht unerfreulichen Gespräch mit Daniels Therapeuten, da klingelte das Telefon. Eigentlich rief mich die Lehrerin an, weil ich sie um einen Gesprächstermin gebeten hatte, aber bei dieser Gelegenheit fragte ich auch gleich nach, wie denn Daniels Situation in der Schule sei. Ich hatte eigentlich nicht damit gerechnet, daß sich inzwischen viel verändert haben könnte. Doch nach ihrem Bericht spottete Daniels Verhalten seit der letzten Austestung jeder Beschreibung. Daniel sei der Klassenkasper par exellence und habe außerdem an diesem Tag nicht am Turnunterricht teilnehmen dürfen. Er habe auch nach wiederholter Aufforderung nicht davon abgelassen, Mitschüler mit seinem Turnbeutel zu traktieren. O nein, o nein. Eine Erklärung hierfür hatten mein Mann und ich nicht, zumal sich ja unsere häusliche Situation ganz anders darstellte.

Wir sprachen mit Daniel, und es kam heraus, daß er sehr große Angst vor der Schule hatte. Vor der Lehrerin, aber auch vor seinen Mitschülern und vor mir, seiner Mutter. Angst vor Schimpfe und Schelte, Angst vor dem Verhalten seiner Kameraden. Er erzählte uns, daß ihn keines der Kinder leiden möge, niemand mit ihm spielen möchte. In der Pause würde er bespuckt, und man würde ihm nachlaufen. Er traue sich nicht, sich zu wehren, da *er* ja dann wieder geschimpft würde und nicht die anderen. Sie würden ihn hänseln, ihn »Brillenschlange« oder »Blödie« nennen. So wäre das auch bei der Turnbeutelaktion gewesen. Nur hätte seine Lehrerin das nicht mitbekommen, und als er sich dann wehrte, hätte sie ihn erwischt. Natürlich sind Daniels Erzählungen mit Vorsicht zu genießen, und wir wissen auch, daß er kein Unschuldslamm ist. Doch wenn ich an meine

Schulzeit zurückdenke, dann kann ich mich daran erinnern, daß auch wir jemand auserkoren hatten, dem unsere ganzen Machtdemonstrationen galten und der sich nicht wehrte. Der rannte dann zu seinen Eltern oder den Lehrern, was seiner Situation nicht unbedingt förderlich war. Daniel möchte nichts lieber als dazugehören, und er beneidet seinen Bruder glühend, der mit anderen Kindern gar keine Probleme hat.

Einmal hatte ich das Glück beziehungsweise Pech, eine Schulhofsituation mitzuerleben. Was ich da sah, machte mich fast wahnsinnig. Mein Sohn stand ganz alleine an einen Pfosten gelehnt, während alles um ihn herum sprang, schrie und spielte. Keines der Kinder nahm Notiz von ihm, und sein Blick war mehr als traurig. Am liebsten wäre ich hingerannt und hätte mein Kind mit nach Hause genommen, es in den Arm genommen und von seinen Problemen befreit.

Daniel zeigt aus meiner Sicht, sowohl was sein Innenleben und auch seine Kontaktmöglichkeiten mit der Umwelt betrifft, autistische Merkmale. Klar, Daniel kann sprechen, sich mitteilen. Aber irgendwie kann er es auch wieder nicht. Er scheint alles genau umgekehrt zu empfinden wie wir. So bekam er von einer Lehrerin ein Blatt, auf dem Schulhofsituationen dargestellt waren, mit der Vorgabe, alles, was er mag, anzumalen, und alles, was er nicht mag, durchzustreichen. Auf dem Blatt waren spielende, fröhliche aber auch kämpfende, streitende Kinder zu sehen. Daniel kreuzte alles durch und malte nur eine Situation an: Eine Szene, in der sich zwei Schüler prügelten und andere ringsherum standen und zuschauten. Er malte einem der Zuschauer einen Pokal in die Hand und den beiden Kampfhähnen jeweils eine »Startnummer« auf den Rücken.

Seine autistischen Züge sind auch der Grund, weshalb er nur schwer Zugang zu anderen Kindern findet und diese aber auch keinen zu ihm. Er weiß einfach nicht, wie er eine Brücke bauen kann, um Kontakt aufzunehmen.

In Zeiten, in denen es Daniel schlecht geht, ist er ständig auf der Suche nach Liebesbeweisen. Ich kann nicht mehr zählen, wie oft am

Tag er dann Fragen stellt wie: »Habt Ihr mich lieb?« – »Seid Ihr froh, daß es mich gibt?« – »Jonas, bist Du froh, daß ich Dein Bruder bin?« ... Das zeigt, daß er dann auch selbst realisiert, wieviel »Bockmist« er so verzapft und welchen Kummer er seiner Umwelt bereitet, doch er kann nicht anders handeln. Er ist dann wieder gesteuert von dieser unsichtbaren Macht, die ihm nichts als Kummer bereitet. Für ihn scheint es dann fraglich, ob die anderen ihn dennoch lieben können. Er kann nicht glauben, daß das Gefühl der Liebe größer ist als momentane Wut.

Trotz mancher Probleme und Rückschläge empfinden wir den Weg, den wir eingeschlagen haben als den richtigen. Ganz gleich, wie verschlungen dieser Weg auch zeitweise noch sein wird, werden wir ihn voller Überzeugung weitergehen. Wir sind uns voll darüber im Klaren, daß wir noch keinen endgültigen, stabilen Zustand erreicht haben und daß es auch nie einen »Endzustand« geben wird. Doch wir stehen zu Daniel mit allem, was zu ihm gehört ...

Rezepte

Im Folgenden einige Rezepte, die zum Teil von mir abgeändert wurden beziehungsweise die ich in meiner Küche nach eigenen Ideen »zusammengebraut« habe. Das tue ich oft, und neben diversen Fehlschlägen wird mir immer wieder aufgezeigt, wie wenig der Phantasie doch Grenzen gesetzt sind. Es lohnt sich, vieles auszuprobieren, und es macht zudem auch Spaß. Bei den folgenden Rezepten sind natürlich die Allergene unseres Sohnes berücksichtigt. Doch soll hier gezeigt werden, daß man, wenn man umgelernt hat, auf leckere Dinge nicht verzichten muß. Jedoch muß ich sagen, daß es auch einer Geschmacksumgewöhnung bedarf. Diese stellt sich aber automatisch ein. Zu Beginn konnte ich persönlich zum Beispiel der Sojamilch nichts abgewinnen, doch mittlerweile habe ich diesbezüglich überhaupt keine Probleme mehr. Ich selbst ernähre mich nun zum größten Teil vegetarisch. Natürlich auch aus ethischen Gründen, aber zu einem nicht unbeachtlichen Teil auch deswegen, weil ich mich ohne Fleisch körperlich viel wohler fühle. Wenn die unverträglichen Nahrungsmittel feststehen, dann ist es an jedem selbst, aus den verbleibenden Nahrungsmitteln das Essen zusammenzustellen. Doch das ist nach anfänglichen Schwierigkeiten meist kein Problem.

Zum Süßen noch Folgendes: Ich habe mehrere Sorten von Dicksäften im Haus: Apfeldicksaft, Birnendicksaft, Agavendicksaft usw. Sie enthalten nur die fruchteigene Süße und haben eine sirupähnliche Konsistenz. Zudem eignen sie sich gut zu Pfannkuchen oder als Süßungsmittel in Grieß- oder Reisbrei. Sie sind in jedem Naturkostladen oder Reformhaus erhältlich. Zwar sind sie nicht unbedingt günstig, doch da sie sehr sparsam in der Verwendung sind, zahlt es sich am Ende doch wieder aus.

Grundsätzlich ist es äußerst wichtig, daß hyperaktiven Kindern möglichst wenig Süßes gegeben wird. Das heißt nicht zwangsläufig, diese Kinder mit der Ernährungsumstellung zu kasteien. Es gilt, ein gutes Maß zu finden, das den Kindern einen Verzicht nicht schwerfallen läßt. Man kann ihnen ohne weiteres auch Rohkost zum Knabbern geben. Oder selbsthergestellte Kartoffelchips (siehe Seite 148).

Backpulver I (zum Vorrat)
50 g Weinstein (aus der Apotheke)
25 g Natron (Baking Soda)
100 g Reismehl, Kartoffelmehl oder Pfeilwurzelstärke (aus dem Naturkostladen) je nach Verträglichkeit

Die Zutaten gut vermischen und in einem Schraubglas trocken aufbewahren. 3 TL selbstgemachtes Backpulver entsprechen 1 TL herkömmlichem Backpulver.

Backpulver II (zum direkten Verbrauch)
1 TL Weinstein
½ TL Natron

Die Zutaten gut vermischen und wie herkömmliches Backpulver verwenden. Diese Menge entspricht 1 TL herkömmlichem Backpulver.

Helles Brot mit Backpulver
500 g Vollkornmehl je nach Verträglichkeit (reines Weizenmehl oder Weizen- und Roggenmehl im Verhältnis 2:1 gemischt beziehungsweise Weizen- oder Dinkelmehl mit Maismehl im Verhältnis 2:1 gemischt)
2 TL Salz
5 gehäufte TL selbstgemachtes Backpulver (Rezept I)
4 EL Sonnenblumenöl
400 ml Wasser, Milch, Soja- oder Reismilch, je nach Verträglichkeit

Mehl, Salz und Backpulver trocken gut durchmischen und dann die Flüssigkeit sowie das Öl hinzugeben. Zu einem Teig verarbeiten, diesen in eine gefettete Kastenform geben und bei 180 – 200° C ca. 30 Minuten backen.
Vor dem Backen mit einem Messer den Teig einkerben, damit die Kruste gleichmäßig einreißt.
Das Brot trocknet sehr schnell aus. Deshalb nicht auf Vorrat backen, sondern nur am Tag vor dem Verzehr.

Vollkornbrot mit Backpulver
220 g feines Weizenvollkornmehl
200 g Grahammehl (aus dem Reformhaus)
75 g Haferflocken
2 TL Salz
4 TL selbstgemachtes Backpulver (Rezept I, Seite 141)
400 ml Wasser
50 ml Zitronensaft

Alle Zutaten mit einer Gabel oder mit einem Schneebesen locker verrühren. Nicht kneten, sonst geht der Teig nicht auf! In eine kleine eingefettete Kastenform füllen und bei 200° C 40 – 50 Minuten backen.

Backwaren mit Backferment
In Naturkostläden und Reformhäusern gibt es ein Backferment, das sich an Stelle von Hefe verwenden läßt. Doch Vorsicht bei Hefeunverträglichkeit – dieses Ferment beinhaltet sogenannte Nektarhefen und sollte vor Gebrauch deshalb unbedingt auf Verträglichkeit geprüft werden! Sollte das Ferment keine Reaktion hervorrufen, so sollte es vorsichtshalber rotiert werden, um eine eventuelle Intoleranz zu vermeiden. Rezepte für den Teig liegen der Backfermentpackung bei. Ich persönlich habe Backwaren mit diesem Backferment an den Tagen, an denen Weizenmehl erlaubt ist, in den Speiseplan eingefügt. So kann ich ein hervorragendes Weizenbrot herstellen.

Laugenbrezeln mit Backferment
Aus dem Backferment-Teig lassen sich auch Salzbrezeln (Laugengebäck) herstellen. Die Verträglichkeit muß natürlich vorausgesetzt sein. Dazu wird der Teig zu kleinen oder größeren Brezeln geformt und dann ca. eine halbe Minute in einer Lauge abgekocht. Für die Lauge benötigt man 1 l Wasser sowie 3 EL Natron. Die Brezeln mit einem Schaumlöffel in die Lauge halten, abtropfen lassen und anschließend backen, bis sie eine schöne braune Farbe bekommen.

Selbstgemachte Gemüsebrühe

Das Einkochen von größeren Mengen an Gemüsebrühe hat den Vorteil, daß man stets einen Vorrat an Gemüsebrühe hat und so ohne Probleme auf Brühwürfel oder -pulver ganz verzichten kann.

Ich habe mir einen Einkochtopf im Bekanntenkreis besorgt und mich mit Gläsern und Zubehör eingedeckt. Vielleicht hat ja die Großmutter noch einen Einkochtopf, den sie nicht mehr benutzt (und vielleicht hat sie auch das eine oder andere Rezept noch in Erinnerung). Natürlich sind diese Utensilien auch in Haushaltswarengeschäften erhältlich. Die Gläser verwende ich auch zum Aufbewahren von Nüssen, Saaten etc. Eine Investition, die sich lohnt, wie ich finde.

Durch Einkochen lassen sich die meisten Lebensmittel haltbar machen. Und da ja das Kochwasser in den Gläsern mitverwendet wird, ist auch ein Großteil der Nährstoffe noch erhalten.

Sie brauchen für
10 l Gemüsebrühe:
1 Sellerieknolle
1 Staudensellerie
5 Zwiebeln
400 g Möhren
2 Bund Schnittlauch
2 Bund Petersilie
10 l Wasser

Das Gemüse putzen, waschen und zerkleinern. Das rohe Gemüse in die Einmachgläser verteilen und mit kaltem Wasser bis ca. 2 cm unter den Glasrand aufgießen. Die Einkochgläser mit den dazugehörigen Einkochgummis und den Deckeln sowie den Einkochbügeln luftdicht verschließen und im Einkochtopf 90 Minuten bei 98° C einkochen.

Diese Gemüsebrühe eignet sich hervorragend als Grundlage für Suppen oder Eintöpfe. Man kann sie aber auch mit Kartoffeln oder Reis pur genießen.

Vanillesoße

½ l Soja-, Reis- oder Kuhmilch,
je nach Verträglichkeit
1 TL Bourbonvanille-Pulver
1 – 2 EL Mehl (Sorte nach
Verträglichkeit)
etwas Roh-Rohrzucker,
Fruchtzucker,
Zuckerrübensirup oder Honig

Alle Zutaten in der kalten Milch auflösen und anschließend kurz aufkochen. Gut umrühren, damit sich keine Klümpchen bilden. Fertig!

Ketchup

250 ml Tomatenmark
Wasser
Salz
Pfeffer
Zuckerrübensirup oder
Ahornsirup
eventuell etwas Oregano
eventuell etwas Basilikum
Zitronensaft
ca. 1 EL Mehl zum Binden

Die Zutaten verrühren, kurz aufkochen lassen und in eine Schraubflasche füllen. Am besten läßt man die Kinder mitmachen: Das macht Spaß und erhöht außerdem die Chance, daß das Ketchup angenommen wird, obwohl es kein Etikett mit Markennamen hat.
Die Gewürzmengen richten sich nach dem individuellen Geschmack; hier sind die Kinder gefragt, die zwischenzeitlich abschmecken. Die Menge des verwendeten Wassers und Mehls hängt von der Konsistenz des Tomatenmarks ab.

Mayonnaise

Da wir keinen Essig verwenden können, habe ich ein herkömmliches Rezept auf unsere Bedürfnisse abgestimmt. Wenn Essig verträglich ist, beziehungsweise keine Hefeunverträglichkeit vorliegt, dann kann an Stelle des Zitronensafts Essig verwendet werden.

125 ml Öl
(z. B. Sonnenblumenöl)
1 Ei
1 TL Salz
1 ½ EL Zitronensaft
(oder 1 EL Essig und
1 TL Zitronensaft)
Pfeffer
1 TL Senf (nur wenn Essig verträglich ist, da Senf Essig enthält!)

Alle Zutaten außer dem Öl miteinander verquirlen, bis sie eine leicht cremige Konsistenz haben. Dann das Öl in einem dünnen Strahl hineinlaufen lassen und dabei weiterquirlen.
Fertig!

Fruchteis

verträglicher Fruchtsaft
eventuell Fruchtzucker oder Dicksaft

Eis läßt sich prima selbst herstellen. Es gibt in jedem Haushaltswarenladen Förmchen für Eis am Stiel. Diese kann man problemlos mit verträglichen Fruchtsäften füllen, ohne Zugabe von Süßungsmittel. Ausschließlich bei sehr sauren Obstsäften, zum Beispiel Johannisbeeren, kann man mit Fruchtzucker oder Dicksäften süßen. Einfach den Saft in Förmchen einfüllen und im Tiefkühlfach gefrieren lassen.

Frucht-Sojamilcheis

Sojamilch
verträgliches Obst
eventuell Fruchtzucker oder
Dicksaft

Ohne weiteres läßt sich auch aus Sojamilch, die einen sehr guten Ersatz bei Milchunverträglichkeit darstellt, Eis herstellen: Das Obst mit der Sojamilch im Mixer pürieren und in die Eisförmchen geben. Nur süßen, wenn unbedingt erforderlich. Im Tiefkühlfach gefrieren lassen.

Milkshake

½ l Soja- oder Reismilch,
je nach Verträglichkeit
150 g Früchte, je nach
Verträglichkeit
etwas Honig nach Geschmack
und Bedarf

Alle Zutaten im Mixer pürieren und in hohe Gläser gießen. Mit einem schönen Strohhalm servieren.

Stangeneis
*Fruchtsaft oder Tee
(Achtung: keine
kohlensäurehaltigen Getränke
verwenden)
eventuell Süßmittel
(z. B. Honig)*

Die größte Eis-Freude der Kinder ist mein Stangeneis: Eine Superschleckerei für heiße Tage – auch für die Großen.
Irgendwann erinnerte ich mich an die Eis-Schläuche, die es in meiner Kindheit in verschiedenen Geschmacksrichtungen gab. Die wurden an einem Ende aufgeschnitten und nach und nach weiter nach oben geschoben. Am liebsten hatten wir Kinder es, wenn das Eis unten schon geschmolzen war, dann »zutschten« wir mit Vorliebe den Saft heraus.
Zunächst ist die Herstellung von Folienstangen (Schläuchen) mit dem Folienschweißgerät zum Einschweißen von Gefriergut erforderlich. Dies ist, zugegebenermaßen, etwas aufwendig. Doch leider habe ich noch nirgends solche Folienschläuche in angemessener Größe finden können. Außerdem habe ich mich daran gewöhnt, ziemlich viel selber herzustellen, ohne mir Gedanken darüber zu machen.

Damit das Stangeneis später möglichst dicht und auslaufsicher ist (ansonsten ist es eventuell eine klebrige Angelegenheit, die die Kinder weniger stört als die Eltern ...), nehme ich die Gefrierbeutel doppelt und zwar wie folgt:
Jeweils zwei Gefrierbeutel in rechteckigem Format nehmen, bei denen die offenen Kanten zunächst jeweils zugeschweißt werden müssen. Anschließend beide Beutel deckungsgleich aufeinanderlegen und an einer Schmalseite aufeinanderschweißen. Als nächstes den Beutel quer in das Schweißgerät einlegen und knapp an der Längskante eine Schweißnaht bilden. Diese Schweißnaht ist die erste Längskante eines Folienschlauches. Nun in einem Abstand von 2 – 3 cm (die Beutel nach wie vor quer einlegen) die nächste Schweißnaht bilden. So ist der erste Folienschlauch entstanden. Die nächste Schweißnaht in einem geringeren Abstand bilden, das ist die Längsnaht für den nächsten Folienschlauch. Jetzt immer abwechselnd Schweißnähte von 2 – 3 cm Abstand und solche mit geringerem Abstand zueinander bilden. Dann die einzelnen Folienschläuche abschneiden und mit einem Trichter mit den

verschiedensten Tees oder Fruchtsäften füllen. Zu saure Flüssigkeit eventuell mit etwas Honig süßen, zu süße Säfte (zum Beispiel Heidelbeere) kann man noch mit einem Spritzer Zitronensaft verfeinern.
Achtung: Die Flüssigkeit nur bis 4 – 5 cm unterhalb des offenen Rands füllen, sonst gibt es eventuell eine mittlere Überschwemmung in der Küche, wenn Sie diesen Rand mit der letzten Schweißnaht schließen. Um spätere Verwechslungen mit unter Umständen unangenehmen Folgen zu vermeiden, lege ich die fertigen Stangen in ein passendes Gefäß in das Tiefkühlfach und versehe dieses mit einem entsprechenden Infozettel.
Das Lieblingsstangeneis meiner Kinder ist Mango, Kirsch und Orange (aus Fruchtsäften). Ebensogut kann man aber auch Hagebutten-, Zitronentee oder ähnliches nehmen. Hier kann man wunderbar auf die Verträglichkeit beziehungsweise die Vorlieben eingehen.
Ich nehme mir von Zeit zu Zeit einen Nachmittag, an dem ich mehrere Sorten Eis herstelle. So habe ich für jeden Rotationstag ein Eis, und das ist an heißen Tagen unbezahlbar. Auch die Freunde unserer Jungs essen dieses Eis sehr gerne.

Kartoffelchips
Kartoffeln
Salz
eventuell Paprikapulver
Öl zum Fritieren oder Ausbacken

Die Menge der Kartoffeln richtet sich nach den hungrigen Mäulern, die es zu stopfen gilt. Kartoffeln mit dem Hobel in sehr feine Scheiben hobeln. In der Friteuse fritieren oder in einem großen Topf schwimmend in Öl ausbacken. Die Chips sind fertig, wenn sie eine goldbraune Farbe haben. Mit dem Schöpflöffel herausnehmen, in eine Schüssel geben und noch warm salzen und eventuell noch mit Paprika bestäuben.

»Gemüse frites«
Kohlrabi oder Zucchini
Salz
Fett zum Fritieren

Die Kohlrabi beziehungsweise Zucchini stifteln (wie Pommes frites), in heißem Fett fritieren und anschließend salzen.

Die Autorin

Kirsten Homuth, Jahrgang 1967, arbeitete als kaufmännische Angestellte in der Werbebranche, bevor sie 1991 ihr erstes Kind zur Welt brachte. Sie lebt mit Mann und zwei Söhnen in der Nähe von Frankfurt am Main.

Bereits als Säugling wies ihr Sohn Verhaltensauffälligkeiten auf. Es begann ein langer Leidensweg, der einerseits stark von Rat- und Hilflosigkeit geprägt war. Andererseits lernten die Eltern in dieser Zeit, zu ihrem Kind zu stehen und auch seine Auffälligkeiten zumindest teilweise zu akzeptieren.

Für Familie Homuth erwies sich eine Ernährungsumstellung mit Hilfe der Rotationsdiät als hilfreich. Mit ihr ließ sich die Hyperaktivität positiv beeinflussen.

Um anderen betroffenen Eltern diese mögliche Chance aufzuzeigen, hat Kirsten Homuth ihre Erfahrungen aufgeschrieben.

Anhang:
Hintergrundinformationen zum Erfahrungsbericht

Schulmedizinische Therapieansätze
Die klassische Schulmedizin sieht für das hyperkinetische Syndrom verschiedene Behandlungsmöglichkeiten vor. Die psychische Störung wird mittels Psychotherapie oder Beschäftigungstherapie behandelt, Entspannungstechniken wie Autogenes Training sollen unterstützend wirken. Häufig werden Medikamente eingesetzt, um die Kinder ruhig zu stellen. In der Regel handelt es sich dabei um den Wirkstoff Methylphenidat (»Ritalin®«). Dieses Stimulationsmittel verstärkt die Freisetzung von Botenstoffen an den Nervenenden und erhöht so die Aktivität der Nervenzellen. Bei hyperaktiven Kindern wirken sie »paradox«, das heißt sie beruhigen, statt zu stimulieren.

Die medikamentöse Behandlung mag in vielen Fällen zumindest zeitweilig zu einer Normalisierung in den Familien beitragen. Die Psychopharmaka sorgen für »Ruhe«, im Einzelfall und für begrenzte Zeit können sie so für die Betroffenen hilfreich sein. Bei besonders ausgeprägter Hyperaktivität ermöglicht die Gabe von Ritalin®, daß überhaupt weitere Maßnahmen durchgeführt werden können.

Kritiker, auch aus den Reihen der Ärzteschaft, warnen jedoch vor dem allzu leichtfertigen Umgang mit Psychopillen. Sie können Kinder und Jugendliche abhängig machen, sie haben Nebenwirkungen (Appetitlosigkeit, Kopfschmerzen, Schlafstörungen) und rufen psychische Veränderungen hervor. Die Kinder sind zwar ruhig, aber auch nicht mehr »sie selbst«.

Auch die Psychotherapie bringt in vielen Fällen nicht die erhofften langfristigen Ergebnisse, auch wenn sie sicherlich oft notwendig ist, um ungelöste Konflikte aufzudecken, die Familiensituation zu verbessern und mit den Kindern »normales« Verhalten zu trainieren.

Allergie – eine Ursache der Hyperaktivität?
Einen besonderen Ansatz hat die angewandte Umweltmedizin oder Klinische Ökologie. Sie arbeitet auf den Grundlagen der Schulmedizin, hat aber einen ganzheitlicheren Ansatz. Aus der Sicht der Klinischen Ökologen sind viele Krank-

heiten individuelle Reaktionen des Körpers auf verschiedenste Einflüsse aus der Umwelt.

Auch psychische Auffälligkeiten haben demnach nicht nur psychische Ursachen. Vielmehr können Nahrungsmittelallergien, Überempfindlichkeiten gegenüber Chemikalien, oft auch gepaart mit einem Vitamin- oder Mineralstoffmangel, die Auslöser für Verhaltensstörungen oder psychische Erkrankungen sein.

Pollen, Hausstaubmilben oder einzelne Lebensmittel oder Lebensmittelgruppen lösen demnach nicht nur »klassische« Allergien wie Heuschnupfen, Asthma oder Hautekzeme aus. Sie können auch mit dafür verantwortlich sein, wenn Kinder aggressiv oder depressiv werden, sich nicht konzentrieren können und durch ihre ständige Unruhe sich selbst und anderen das Leben zur Hölle machen.

Besonders häufig reagieren empfindliche Kinder nach Beobachtungen der Klinischen Ökologen auf:
- Inhalationsallergene (zum Beispiel Pollen, Schimmelpilze)
- Nahrungsmittel (zum Beispiel Milch, Eier, glutenhaltiges Getreide, Kakao, Zucker)
- Lebensmittelzusatzstoffe (zum Beispiel Farbstoffe, Phosphate, Glutamat, Süßstoffe)
- Umweltgifte (zum Beispiel Schwermetalle, Pestizide, Organische Lösungsmittel). Diese sollen ebenfalls mit dafür verantwortlich sein, wenn aus einem Philipp ein Zappelphilipp wird, denn sie schädigen auf Dauer Gehirn und Nervensystem.

Die Verhaltensauffälligkeiten treten zum Teil mit körperlichen Symptomen auf, die auch von »normalen« Allergikern bekannt sind. Die Kinder haben Dauerschnupfen, neurodermitische Ekzeme, geschwollene Augenlider oder Falten unter den Augen. Häufig liegen auch Verdauungsbeschwerden wie Blähungen und Durchfälle vor, oder die Kinder klagen wiederholt über Bauchschmerzen.

Im Gegensatz zu Asthmatikern oder Heuschnupfengeplagten scheint sich die Überempfindlichkeit auf bestimmte Stoffe bei hyperaktiven Kindern auf die Schaltzentren im Gehirn auszuwirken.

Daneben können nach den Beobachtungen der Klinischen Ökologen auch eine Reihe von chronischen Erkrankungen mit Nahrungsmittelallergien oder Unverträglichkeiten zusammenhängen. Hierzu gehören beispielsweise Gelenkerkrankungen, Migräne, Asthma bronchiale, Neurodermitis und Pilzerkrankungen.

Umweltbelastung als Auslöser
Als Vater der Klinischen Ökologie gilt Theron G. Randolph. Der Arzt aus Chicago beobachtete zu Beginn der 50er Jahre, daß immer mehr seiner Patienten an einer »multiplen Früchte-Allergie« litten. Die Betroffenen reagierten auf den Genuß von verschiedenen Obst- oder Gemüsearten mit Krankheitssymptomen wie Kopfschmerzen, Asthma, Hautausschlägen oder Depressionen. Im Gegensatz zu üblichen Nahrungsmittelallergien war die botanische Herkunft der Früchte dabei bedeutungslos.

Mit Hilfe experimenteller Untersuchungen fand Dr. Randolph schließlich heraus, daß nicht die Nahrungsmittel, sondern die Pestizide, mit denen das Obst und Gemüse behandelt wurden, für die Symptome verantwortlich waren.

Nach den Beobachtungen der Klinischen Ökologen ist die Vielzahl der Chemikalien in der Umwelt – in Boden, Trinkwasser, Nahrungsmitteln oder Atemluft – eine der Hauptursachen für die Zunahme chronischer Erkrankungen und psychischer Störungen.

Auch wenn einzelne Stoffe dem Körper zunächst nichts anhaben können, wirken sie sich in ihrer Gesamtheit belastend auf den Körper aus und schwächen das Immunsystem.

Ist »das Maß voll«, reagiert der Körper überempfindlich auf neue Reizstoffe (Chemikalien oder Nahrungsmittel). Die Sensibilität nimmt zu und kann sich auch auf immer mehr Organe ausweiten, solange die Belastungen nicht verringert werden. Allergien und Unverträglichkeiten sind die Antwort des Körpers auf die ständige Überlastung.

Maskierte Nahrungsmittelallergie
Der Zusammenhang zwischen körperlichen oder psychischen Störungen und Nahrungsmittelallergien ist für die Betroffenen und die behandelnden Ärzte selten auf den ersten Blick zu erkennen. Häufig sind gerade Lebensmittel, die oft und gerne gegessen werden, die Auslöser der Erkrankungen.

Untersuchungen des amerikanischen Allergieforschers Dr. Herbert Rinkel aus den 40er Jahren lieferten den Klinischen Ökologen den Schlüssel zum Verständnis der Nahrungsmittel-Unverträglichkeiten.

Erste Zusammenhänge erkannte Rinkel zunächst im »Selbstversuch«. Während des Medizinstudiums bekam Herbert Rinkel jede Woche kistenweise Eier von der elterlichen Farm geliefert. Da er wenig Geld hatte, waren die Eier über mehrere Jahre der wichtigste Bestandteil seines täglichen Speisezettels.

Nach einiger Zeit bekam Rinkel einen Dauerschnupfen, der scheinbar nicht behandelbar war. Da er vermutete, die Eier könnten die Ursache seines gesundheitlichen Problems sein, machte er einen Test: Er schlürfte sechs rohe Eier auf einmal – aber eine Reaktion in Form einer Verstärkung der Symptome blieb aus.

Erst einige Jahre später machte Rinkel den gegenteiligen Test. Da er inzwischen vermutete, daß seine mittlerweile massiven gesundheitlichen Probleme allergische Ursachen hatten, strich er Eier zusammen mit anderen Nahrungsmitteln vier Tage von seinem Speisezettel. Bereits nach drei Tagen ging es ihm besser. Am fünften Tag verzehrte er jedoch bei einer Geburtstagsfeier ein Stück Biskuittorte. Daraufhin brach er zusammen und blieb einige Minuten bewußtlos.

Noch war er sich nicht sicher, ob die Bewußtlosigkeit Zufall oder eine akute Reaktion auf die Eier im Kuchen war. Er wiederholte den Test und wurde wieder kurzzeitig bewußtlos.

Die Methode, eine Nahrungsmittelallergie durch gezielte Provokation zu demaskieren, wandte Dr. Herbert Rinkel daraufhin mit Erfolg bei Patienten mit chronischen Erkrankungen an. Er machte mehr als 20 000 Einzeltests. Dennoch dauerte es Jahre, bis die medizinische Fachwelt seine Erkenntnisse überhaupt zur Kenntnis nahm.

Rinkel definierte die maskierte Allergie folgendermaßen:

»Wer ein Nahrungsmittel täglich oder fast täglich zu sich nimmt, kann allergisch dagegen sein, ohne es je als Ursache seiner Krankheitssymptome zu verdächtigen. Gewöhnlich ist es so, daß man sich nach dem Verzehr dieses Nahrungsmittels wohler fühlt als vor der Mahlzeit.«

Der ständige Verzehr des Lebensmittels kann so zu einer Art Sucht werden. Um sich wohl zu fühlen, verzehrt der Allergiker gerade das Lebensmittel, das ihm am meisten schadet, besonders gerne. Fehlt es auf dem täglichen Speiseplan, kommt es zu Entzugserscheinungen.

Reagiert ein Mensch beispielsweise auf Weizen allergisch, so wird es ihm jedesmal, wenn er erneut Weizen ißt, vorübergehend besser gehen. Verzichtet er nun auf Weizen, fühlt er sich zunächst schlechter, doch nach etwa fünftägigem Verzicht geht es ihm besser. Nach dieser Abstinenz kann es zu besonders starken Unverträglichkeitssymptomen kommen, wenn wieder Weizen gegessen wird.

Essen und kindliche Psyche
Bereits in den 60er Jahren wiesen Klinische Ökologen, vor allem in den USA, darauf hin, daß sich Umweltfaktoren wie Lebensmittel, Farb- und Zusatzstoffe im Essen und Inhalationsallergene auf das kindliche Verhalten auswirken können.

Prof. Doris Rapp, Fachärztin für Kinderheilkunde, Allergologie und Umweltmedizin, hat in den USA tausende von Patienten behandelt. Sie stellte fest, daß mit Hilfe einer Ernährungsumstellung und der Neutralisation der Allergene einer großen Zahl von hyperaktiven Kindern geholfen werden konnte. Sie drehte Videofilme von ihren kleinen Patienten, um zu belegen, wie sich Kinder vor, während und nach einem Provokationstest verhalten. Mit Hilfe von Gehirnstrommessungen, bei denen sich unnormale Veränderungen durch Allergene zeigten, bekräftigte sie ihre Aussagen.

Die meisten ihrer Ärztekollegen bezweifeln dennoch, daß Hyperaktivität als besondere Form der umweltbedingten Allergie existiert.

Klinische Ökologie in Deutschland

Obwohl auch im deutschen Fernsehen Filme zu diesem Thema zu sehen waren und das in den USA zum Bestseller gewordene Buch »Ist das Ihr Kind?« von Doris Rapp mittlerweile auf Deutsch erhältlich ist, steckt die Klinische Ökologie in Deutschland noch in den Kinderschuhen.

Kurzfristig sorgte 1998 ein Artikel in einem Wochenmagazin für Aufsehen. Darin wurde über den Zusammenhang zwischen Unverträglichkeit von Gluten und Kasein (zwei Eiweißkomponenten in Getreide beziehungsweise Milch) und Autismus hingewiesen. Forscher an der Universität Sunderland, Großbritannien, erforschten die Zusammenhänge und lieferten erstaunliche Ergebnisse. Bei über der Hälfte der beteiligten Kinder sorgte die gluten- beziehungsweise kaseinfreie Diät dafür, daß diese weniger aggressiv waren und die für Autisten typischen Symptome wie Stimmungsschwankungen und Hyperaktivität sich verringerten. Die Ernährungsumstellung bewirkte keine Heilung, beeinflußte aber das Verhalten der Kinder deutlich. Dennoch sind die meisten Ärzte gegenüber diesem Behandlungsansatz zumindest skeptisch. Sie warnen davor, den Betroffenen falsche Hoffnungen zu machen.

In Deutschland gibt es bisher nur wenige »Klinische Ökologen«, denen auch hier von der konventionellen Schulmedizin nur wenig Anerkennung entgegengebracht wird. Von der konventionellen Medizin wird ihnen oft vorgeworfen, sie würden unnötige Leistungen erbringen – quasi »Betrug am Patienten« betreiben.

Die Patienten sehen dies aber anders. Meist haben sie schon eine Reihe verschiedener schulmedizinischer Behandlungen erfolglos hinter sich gebracht und sind bereit, einen alternativen Weg einzuschlagen, auch wenn sie für die Leistungen der Umweltmediziner selbst bezahlen müssen. Denn von den Krankenkassen werden die Kosten für Diagnose und Therapie meist nicht übernommen.

Wer sich von Klinischen Ökologen behandeln läßt, stellt bald fest, daß keine Patentrezepte ausgegeben werden. Eine »schnelle Lösung« gibt es auch hier nicht. In den meisten Fällen bedarf es umfassender diagnostischer Maßnamen und eines individuell ausgearbeiteten Behandlungsprogramms.

Das Institut für Umweltkrankheiten

Als erste Umweltklinik in Deutschland ist das Institut für Umweltkrankheiten in Bad Emstal bei Kassel Hauptanlaufstelle für viele, die mit umweltbedingten Erkrankungen und Allergien bislang erfolglos Arzt um Arzt aufsuchten. Das Institut wurde 1985 von Klaus-Dietrich Runow gegründet.

Dr. Runow wurde während seines Medizinstudiums auf die Klinische Ökologie aufmerksam und besuchte Kongresse in England und den USA. Am Environmental Health Center in Dallas/Texas wurde er von Prof. Wiliam Rea in die Therapieverfahren der Klinischen Ökologie eingearbeitet.

Das Aufdecken maskierter Nahrungsmittelallergien ist eine der Schwerpunkte der Arbeit des Institutes. Für den Betroffenen selbst ist meist nur schwer zu erkennen, ob zwischen Lebensmitteln und den Krankheitssymptomen Zusammenhänge bestehen. In Zusammenarbeit mit einer Ernährungswissenschaftlerin oder einem Ernährungswissenschaftler kann ein individuell ausgearbeitetes Untersuchungsprogramm die Nahrungsmittelallergie sichtbar machen.

Wie bei allen Erkrankungen steht am Anfang der Behandlung hyperaktiver Kinder zunächst ein ausführliches Gespräch des Arztes mit Kind und Eltern. Hinzu kommt ein umfangreicher Fragebogen, in dem nicht nur die beobachteten Symptome und Vorerkrankungen, sondern auch die Wohnumgebung und Lebens- und Eßgewohnheiten abgefragt werden (Beispiele aus dem Fragebogen siehe Seite 160). Zusätzlich können noch neurologische Untersuchungen gemacht werden.

Bei Diagnose und Therapie gilt es, eine Fülle von Faktoren zu berücksichtigen. Denn Hyperaktivität kann viele Ursachen haben.
Eine gewisse genetische Veranlagung scheint eine Rolle zu spielen. Denn auffälligerweise sind vor allem Jungen von Hyperaktivität betroffen: Von zehn hyperaktiven Kindern sind neun Jungen. Schädigungen während der Schwangerschaft oder der Geburt können ebenso einen Einfluß haben wie Infektionen, Streßfaktoren oder Stoffwechselstörungen.

Nicht immer haben die Probleme etwas mit einer Allergie oder mit Umwelteinflüssen zu tun, und die Patienten sind bei anderen Fachärzten oder Psychotherapeuten besser aufgehoben. Die Erfahrungen der praktizierenden Umweltmediziner zeigt aber, daß nicht in allen, aber in vielen Fällen den Patienten mit den Methoden der Klinischen Ökologie geholfen werden kann.

Die Diagnosemöglichkeiten

Rotationsdiät zur Diagnose
Als erster Schritt bei der Diagnose kann eine kombinierte Eliminierungs- und Rotationsdiät hilfreich sein. Dazu werden Lebensmittel, die im Verdacht stehen, allergieauslösend zu sein, für mindestens fünf Tage aus dem Speiseplan gestrichen. Nahrungsmittel, die weiterhin gegessen werden, können im viertägigen Wechsel verzehrt werden.
Beim anschließenden Eßtest werden die zuvor gemiedenen Lebensmittel einzeln wieder in den Diätplan aufgenommen. So kann bei der erneuten Gabe möglicherweise eine Allergiereaktion ausgelöst werden, die darauf hinweist, daß das jeweilige Lebensmittel nicht vertragen wird.

Provokations- und Neutralisationstest (nach Miller)

Es besteht die Möglichkeit, gezielte Hauttests mit nicht-konservierten Testlösungen durchzuführen. Dazu wird jeweils eine kleine Menge des allergieauslösenden Stoffes in die oberste Hautschicht des Oberarms injiziert.

Diese Intrakutantests werden mit verschiedenen Verdünnungsstufen durchgeführt. Nach der Injektion entsteht eine Quaddel. Durch die Beurteilung des Wachstums der Quaddel läßt sich der genaue Grad der Empfindlichkeit ermitteln.

Zusätzlich wird bei dem Test beobachtet, ob durch die Testlösung Krankheitssymptome hervorgerufen wurden. Die Krankheitszeichen, die bei der Untersuchung häufig in abgeschwächter Form auftreten, lassen sich mit einer neutralisierenden Dosis wieder aufheben. Die Provokations- und Neutralisationstests sind genauer, daher aber auch sehr viel zeitaufwendiger als herkömmliche Allergietests.

ALCAT-Test

Noch relativ neu ist der ALCAT-Test (Antigen Leukozyte Cellular Antibody Test). Mit Hilfe dieser Methode können Unverträglichkeitsreaktionen auf Nahrungsmittel und erstmalig auch Reaktionen auf Zusatzstoffe (Farb- und Konservierungsstoffe) und Chemikalien erfaßt werden. Der Test hat eine hohe Treffsicherheit und geht relativ schnell. Für den Patienten ist es außerdem von großem Vorteil, daß durch eine einzelne Blutentnahme eine Reihe von Stoffen auf einmal erfaßt werden können. Bei den ALCAT-Testungen können bis zu 50 Nahrungsmittel, 10 Farbstoffe, 10 Zusatzstoffe und 10 Umweltchemikalien (zum Beispiel Formaldehyd und Benzol) untersucht werden.

Die Untersuchungsmethode wurde entwickelt, da festgestellt wurde, daß allergische Reaktionen zum Teil nicht durch Antikörper-Bestimmung erkannt werden können. Dagegen können aber eventuell Veränderungen an den weißen Blutkörperchen auftreten. Beim Test wird untersucht, ob sich die weißen Blutkörperchen (Leukozyten) durch den Zusatz des Allergenextraktes in Größe und Anzahl verändern. Zum Vergleich dient eine Kontrollprobe ohne Allergenextrakt. Die Veränderungen werden mit einem computerunterstützten System erfaßt, grafisch dargestellt und ausgewertet.

Der ALCAT-Test wird vom Institut für Umweltkrankheiten bei Patienten mit Hyperaktivität und dem chronischen Müdigkeitssyndrom erfolgreich eingesetzt. Darüber hinaus ist er nach Erfahrungen des Institutes bei Hauterkrankungen

Auszüge aus dem Fragebogen für allergische und/oder ökologische Krankheiten
(Quelle: Klaus-Dietrich Runow: Klinische Ökologie, Hippokrates Verlag, Stuttgart 1994)

Medizinischer Abschnitt

- Schildern Sie bitte (mit eigenen Worten) Ihre Hauptbeschwerden und Probleme.

- Wen haben Sie schon einmal wegen Ihrer gegenwärtigen Beschwerden aufgesucht?

- Wie lautet die Diagnose?

- Welche Medikamente nehmen Sie derzeit?

- Unterstreichen Sie bitte, was auf Ihre Ernährung zutrifft (z. B.): deftige Hausmannskost, viel Rohkost, Vollwertkost, frisch zubereitete Nahrung, Fertig- bzw. Halbfertigprodukte, häufiger Außer-Haus-Verzehr, viel Süßes, Vollkornbrot, Weißbrot, Mischbrot, Milchprodukte, frisches Obst, Obstkonserven, Zucker, Honig, Marmelade, Fleisch, Wurst, Nahrungsmittel aus biologischem Anbau, Diätnahrung ...

- Meiden Sie bestimmte Nahrungsmittel aufgrund
  - ärztlicher Anordnung
  - körperlicher Beschwerden
  - psychischer Beschwerden
  - von Ekel
  - geschmacklicher Aspekte
  - gesundheitlicher Aspekte
  - anderer Motive

  wenn ja, welche Nahrungsmittel? _____

- Wichtige Ereignisse und Erlebnisse während Ihrer Kindheit und Jugendzeit (auch Erkrankungen, Unfälle, Operationen):
  _____

- Bestehen aus diesen Ereignissen heute noch Folgen?

- Womit gestalten Sie vorwiegend Ihre Freizeit?
  Hallensport, Freiluftsport, Spaziergänge, Lesen, Fernsehen, Musikhören, „Relaxen", Gespräche, Gaststättenbesuche, Hobbies, andere: _____

Ökologischer Abschnitt
- Wohn- und Arbeitsumfeld
  Arbeitsplatz: Innenstadt, Vorstadt, Kleinstadt, Land
  benutzte Verkehrsmittel: Auto, Bus, Zug, Fahrrad, zu Fuß, andere ...

- Wohnung
  Typ: eigene Wohnung, Wohngemeinschaft, Elternhaus, Einzelhaus, Doppelhaus, Appartement, Hotel
  Gegend: Großstadt (Wohngebiet- oder Industriegebiet), Vorstadt, Kleinstadt, Land
  Garage: in abgetrenntem Gebäude, mit Innentür zwischen Haus und Garage, im Keller
  Fragen zu Heizung und Lüftung in der Wohnung und am Arbeitsplatz
  Art der Haushaltsgeräte (z. B. Elektro- oder Gasherd)

- Aufbewahrung von Speisen in Glas, Email, Plastik, Frischhalte- oder Alufolie

- Möbel und Einrichtungsgegenstände
  Polstermöbel (Überzüge, Füllungen)
  Schlafmöbel (Matratzen, Bettrahmen, Decken)
  Teppiche

- Art der Haushaltsreiniger und Waschmittel

- Körperpflegemittel

Reaktionen auf Stoffe in der Umwelt
- Wie schätzen Sie Ihren Geruchssinn ein?

- Wie stark ist Ihre Fähigkeit, Gas zu riechen?

- Wie reagieren Sie auf Inversionswetterlage (Smog)?

- Reaktionen auf bestimmte Substanzen (mag es, mag es nicht, macht mich krank) unter Angabe von Symptomen
  Liste umfaßt eine Vielzahl von Gerüchen, z. B. von Heizöl, Erdgas, Benzin, Kerzenrauch, frischgedruckten Zeitungen, Desinfektionsmitteln, Haushaltsreiniger, Latexfarben, Rasierwasser, Parfüm, Sprays, Fensterputzmitteln, Geruch in der Obst- und Gemüseabteilung von Supermärkten, Geruch von Kiefernholz, Terpentin, Fichtennadeln.

(zum Beispiel Neurodermitis) Asthma, Migräne und gastrointestinalen Störungen ein gut geeignetes Diagnose-Instrument.

Die Blutabnahme kann auch vom behandelnden Arzt durchgeführt werden. Das Blut wird dann zur Austestung zum Institut für Umweltkrankheiten geschickt. So können lange Anfahrtswege vermieden werden. Einzige Voraussetzung: ein kooperationswilliger Arzt.

Antikörperbestimmung

Neben dem neuem ALCAT-Test empfiehlt das Institut für Umweltkrankheiten oft, zusätzlich überprüfen zu lassen, ob im Blut Antikörper gegen Grundnahrungsmittel vorhanden sind. Ein Screening-Test auf Immunglobulin-E (IgE) beziehungsweise Immunglobulin-G (IgG)-Antikörper erscheint vor allem deshalb ratsam, da Antikörper gegen Getreide im Verdacht stehen, auch neurologische Störungen zu verursachen. Britische Wissenschaftler fanden Zusammenhänge zwischen einer Glutenunverträglichkeit und neurologischen Störungen oder Demenz mit unbekannter Ursache.

Bei der Antikörperbestimmung wird auf radioaktive Marker verzichtet und mit enzymimmunologischen Farbreaktionen gearbeitet.

Zunächst wird dabei eine Gruppe von Allergenen ausgetestet: Pollen, Schimmelpilze, Milben und Tierhaare sowie Nahrungsmittel, die am häufigsten Allergien auslösen. Damit kann ein erster Überblick gewonnen werden, welche Schwerpunkte bei der Allergie vorliegen und in welche Richtungen weitere Tests gemacht werden müssen.

Der Nachweis von IgE-Antikörpern im Blut allein ist manchmal nicht ausreichen. Falls ein Patient auf den Verzehr eines Nahrungsmittels mit der Bildung von IgG-Antikörpern reagiert, können die IgE-Antikörper oftmals nicht mehr nachgewiesen werden. Der Test auf IgE-Antikörper hat dann eine schwache Reaktion, es liegt scheinbar keine Allergie vor.

IgG-Antikörper werden im Blut meist bei sogenannten Spätreaktionen gebildet. Der Patient reagiert nicht sofort, sondern erst mehrere Stunden oder gar Tage später auf den allergieauslösenden Stoff. Ein zusätzlicher IgG-Antikörpertest ist allerdings nur bei Kindern ab dem fünften Lebensjahr sinnvoll. Bis zum Alter von fünf Jahren werden Nahrungsmittelallergien in der Regel durch die Bildung von IgE-Antikörpern hervorgerufen.

Ernährungsumstellung
– Dreh- und Angelpunkt der Behandlung

Die Lösung des Problems der Nahrungsmittelallergie scheint ebenso naheliegend wie einfach: Unverträgliche Lebensmittel werden vom Speiseplan gestrichen, und die Krankheitssymptome können verschwinden. Wie so oft, ist es im »wirklichen Leben« aber leider nicht ganz so leicht.

Zum einen ist es bei der heutigen Ernährungsweise recht schwierig, Allergieauslöser zu meiden. Viele Lebensmittel werden nicht nur in ihrer »Reinform« verzehrt, sondern kommen auch in Einzelbestandteile zerlegt auf den Tisch. Das Beispiel Milchunverträglichkeit soll dies verdeutlichen: Wenn Milch nicht vertragen wird, können nicht nur Milcherzeugnisse wie Käse oder Joghurt Probleme machen. Magermilchpulver oder Milcheiweiß wird einer Vielzahl von Lebensmitteln zugesetzt, zum Beispiel Backwaren (Brot, Kuchen oder Kleingebäck), Süßigkeiten, Fertiggerichten (wie Suppen, Soßen, Ketchup, Fleischgerichten), Wurstwaren, Margarine, Kaffeeweißer und vielem mehr.

Der Milchbestandteil kann theoretisch in allen industriell gefertigten Lebensmitteln enthalten sein. Auch Wurstwaren vom Metzger oder Backwaren vom Bäcker bilden da keine Ausnahme, denn auch in den Kutterhilfsmitteln für die Wurst oder in den Backmischungen fürs Brot kann zum Beispiel Magermilchpulver beigemischt sein.

Zum anderen weisen die Klinischen Ökologen darauf hin, daß ein empfindlicher Mensch eine Unverträglichkeit gegen jedes Nahrungsmittel entwickeln kann, wenn es Tag für Tag gegessen wird. Damit sich keine neuen Unverträglichkeiten herausbilden, sollten daher auch verträgliche Nahrungsmittel nur in bestimmten Abständen gegessen werden. Daher nützt es den Betroffenen wenig, wenn sie aus ihrem gewohnten Speiseplan die unverträglichen Lebensmittel streichen und ansonsten alles beim Alten belassen.

Die Rotationsdiät

Die Patienten können sich daher nach der Austestung von einer Diplom-Oecotrophologin individuell beraten lassen. Im Rahmen der Ernährungsberatung werden zunächst die Testergebnisse besprochen. Die unverträglichen Lebensmittel werden dann in einem individuellen Rotationsplan zusammengestellt.

Die Rotation ist eine gezielte diätetische Ernährungsweise, bei der die ausgewählten Lebensmittel in bestimmten Tagesrhythmen gegessen werden dürfen. Je nach der Verträglichkeit darf ein bestimmtes Nahrungsmittel nur alle 4 bis 7 Tage gegessen werden. Damit soll dem Körper die Möglichkeit

Rotationsdiätplan (Muster), Erläuterungen siehe Seite 166

Lebensmittel-Gruppe	Montag	Dienstag	Mittwoch	Donnerstag	Freitag	Samstag	Sonntag
Kohlenhydratträger	6 Reis 6 Hirse 6 Mais 41 Carob 41 Bohnen 41 Erbsen 41 Linsen 41 Soja	27 Buchweizen 81 Amaranth 24 Kastanienmehl	6 Weizen 6 Roggen 6 Hafer 6 Gerste 6 Dinkel 70 Batate 47 Tapioka	74 Kartoffeln 28 Quinoa 41 Carob 41 Bohnen 41 Erbsen 41 Linsen 41 Soja	6 Reis 6 Hirse 6 Mais 80 Topinambur	27 Buchweizen 81 Amaranth 70 Batate 24 Kastanienmehl	74 Kartoffeln 6 Weizen 6 Roggen 6 Hafer 6 Gerste 6 Dinkel 28 Quinoa
Eiweißträger	41 Sojamilch und -produkte 117 Makrele 117 Thunfisch 107 Schellfisch 147 Ziegenkäse 147 Ziegenmilch	145 Kuhmilch und -produkte: Gouda, Joghurt 145 Rindfleisch 145 Kalbfleisch 146 Lamm, Hammel 146 Schafskäse 146 Schafsmilch	137 Huhn 137 Hühnerei 142 Schweinefleisch	41 Sojamilch und -produkte 134 Ente, Gans 147 Ziegenkäse 147 Ziegenmilch	145 Kuhmilch und -produkte: Gouda, Joghurt 145 Rindfleisch 145 Kalbfleisch 124 Forelle 124 Lachs 107 Kabeljau 107 Dorsch	41 Sojamilch und -produkte 142 Schweinefleisch 146 Lamm, Hammel 146 Schafskäse 146 Schafsmilch	137 Huhn 137 Hühnerei 134 Ente, Gans 143 Wild (Hirsch)
Fette und Öle	41 Sojaöl 80 Sonnenblumenöl 80 Färberdistelöl 6 Maiskeimöl Butterfett	79 Kürbisöl 69 Olivenöl 8 Kokosfett * Walnußöl 75 Sesamöl 145 Butter	80 Sonnenblumenöl 80 Färberdistelöl 6 Weizenkeimöl * Leinöl Butterfett	41 Sojaöl 79 Kürbisöl 69 Olivenöl 8 Kokosfett Butterfett	80 Sonnenblumenöl 80 Färberdistelöl 6 Maiskeimöl 6 Weizenkeimöl 75 Sesamöl 145 Butter	79 Kürbisöl 69 Olivenöl Butterfett	6 Weizenkeimöl * Leinöl 8 Kokosfett
Gemüse und Salate	80 Schwarzwurzel 80 Endivie 80 Chicorée 41 Grüne Bohnen 65 Sellerie 65 Fenchel	79 Gurke 34 Avocado 28 Spinat 28 Rote Bete * Feldsalat * Champignons	36 Grünkohl 36 Weißkohl u.a. 11 Lauch 11 Zwiebeln 11 Spargel 11 Knoblauch	28 Rote Bete 41 Grüne Bohnen 79 Zucchini 79 Kürbis 79 Gurke	80 Schwarzwurzel 80 Endivie 80 Chicorée 65 Fenchel * Champignons 34 Avocado	11 Lauch 11 Spargel 69 Olive 79 Zucchini 79 Kürbis * Feldsalat	28 Rote Bete 74 Tomate 74 Paprika 74 Aubergine 36 Blumenkohl 36 Weißkohl u.a.

	Montag	**Dienstag**	**Mittwoch**	**Donnerstag**	**Freitag**	**Samstag**	**Sonntag**
Obst	52 Weintrauben 52 Sultaninen 25 Feige	66 Heidelbeere 66 Preiselbeere 79 Honigmelone	40 Apfel, Birne 40 Brombeere 40 Pfirsich 40 Erdbeere 40 Pflaume	45 Zitrone, Orange 52 Weintrauben 52 Sultaninen * Banane	39 Johannisbeere 39 Stachelbeere 66 Heidelbeere 66 Preiselbeere 25 Feige	40 Apfel, Birne 40 Brombeere 40 Pfirsich 40 Erdbeere 40 Himbeere	45 Zitrone 45 Orange 39 Johannisbeere 39 Stachelbeere * Banane
Nüsse und Samen	41 Alfalfa 41 Erdnuß 80 Sonnenblumenkerne * Haselnuß	75 Sesam * Mohn * Walnuß 5 Pinienkerne 8 Kokosnuß	* Leinsamen 48 Cashewkerne 48 Pistazien 40 Mandeln 36 Gartenkresse	41 Alfalfa 41 Erdnuß * Haselnuß	75 Sesam * Mohn * Walnuß 5 Pinienkerne 80 Sonnenblumenkerne	40 Mandeln 41 Alfalfa (Luzerne)	* Leinsamen 48 Cashewkerne 48 Pistazienkerne 36 Gartenkresse 8 Kokosnuß
Gewürze und Kräuter	Speisesalz 65 Kümmel 65 Petersilie 65 Kerbel 65 Dill 73 Thymian 52 Weinessig	Speisesalz * Saccharose * Vanille 5 Wacholderbeeren 34 Zimt	Speisesalz 11 Knoblauch 11 Schnittlauch 40 Obstessig 36 Meerrettich	Speisesalz * Saccharose * Pfeffer 73 Bohnenkraut 73 Majoran 52 Weinessig	Speisesalz 65 Kümmel 34 Zimt * Vanille 5 Wacholderbeeren	Speisesalz 11 Knoblauch 11 Schnittlauch 40 Obstessig	Speisesalz * Saccharose * Pfeffer 36 Meerrettich
Getränke	Mineralwasser 40 Hagebuttentee 73 Pfefferminztee 65 Fencheltee 80 Kamillentee 41 Rooibos-Tee (Rotbusch-Tee)	Mineralwasser * Zitronenverbene-Tee 55+ Kakao 145 * Mate-Tee	Mineralwasser 6 Caro-Kaffee 40 Hagebuttentee 80 Kamillentee	Mineralwasser 41 Rooibos-/ Rotbusch-Tee 73 Pfefferminztee 52 Rotwein	Mineralwasser * Zitronenverbene-Tee 65 Fencheltee 80 Kamillentee 55+ Kakao 145	Mineralwasser * Matetee 40 Hagebuttentee * Schwarzer Tee Kaffee	Mineralwasser 6 Caro-Kaffee * Zitronenverbene-Tee 6 Bier

*diese Lebensmittel haben keine »Verwandten« und können beliebig innerhalb des Rotationsplans verschoben werden, wenn Punkt 1 und 8 der Hinweise auf der folgenden Seite beachtet werden.

Muster für einen Rotationskostplan, Abänderung je nach individuellen Ergebnissen aus der serologischen und intrakutanen Allergiediagnostik.
(nach: Siedentopp, U., Schwarz, S; Institut für Umweltkrankheiten, Bad Emstal)
Quelle: Klaus-Dietrich Runow: Klinische Ökologie, Hippokrates Verlag, Stuttgart 1994

Hinweise zum Gebrauch des Rotationsplans

1. Je nach Verträglichkeit wird ein bestimmtes Nahrungsmittel nur alle 4 bis 7 Tage eingesetzt.
2. Nahrungsmittel der gleichen Familie (mit der gleichen Nummer) werden nicht an aufeinander folgenden Tagen eingesetzt, sondern nur am gleichen Tag.
3. Wenn möglich, die Anzahl der Nahrungsmittel pro Mahlzeit auf 4 bis 6 Komponenten beschränken.
4. Wenn möglich, ebenso die Anzahl der eingesetzten Familien pro Tag auf etwa 6 begrenzen.
5. Aus vielen Komponenten zusammengesetzte Nahrungsmittel, z. B. Fertigprodukte, sollten vermieden werden.
6. Der Mahlzeitenabstand sollte 4 Stunden betragen.
7. Die Rotationsdiät sollte so abwechslungsreich und vollwertig wie möglich sein.
8. Bei hoher Empfindlichkeit sollte das Nahrungsmittel nur einmal in der Woche gegessen werden.
9. Als Süßungsmittel können je nach Verträglichkeit und an den entsprechenden Tagen auch Obstdicksäfte, Getreidemalze oder Ahornsirup verwendet werden.
10. Nicht aufgeführte Nahrungsmittel können unter Beachtung der Familienzugehörigkeit neu hinzugefügt werden.
11. Auch im Eßtest oder Alltag verträgliche Nahrungsmittel sollten, sofern eine hohe Neigung zu Allergien besteht, vorbeugend in Rotation gegessen werden, damit sich keine neuen Unverträglichkeiten durch täglichen Genuß entwickeln können.
12. Wenn möglich, sollten Lebensmittel aus kontrolliert biologischem Anbau verwendet werden, um eine zusätzliche Belastung durch Schadstoffe zu vermeiden.
13. Die mit * gekennzeichneten Nahrungsmittel haben keine »Verwandten« und können beliebig innerhalb des Rotationsplans verschoben werden, wenn 1. und 8. beachtet werden.

Quelle und zu empfehlende Literatur: Dr. Anne Calatin: Die Rotationsdiät. Wilhelm Heyne Verlag, München 1987 (enthält u. a. viele praktische Ratschläge und Rezepte).

Gruppen- oder Familienzugehörigkeit der im Beispielplan verwendeten Nahrungsmittel

5	Nadelhölzer	66	Heidekrautgewächse
6	Gräser	69	Ölbaumgewächse
8	Palmen	70	Windengewächse
11	Liliengewächse	73	Lippenblütler
24	Buchengewächse	74	Nachtschattengewächse
25	Maulbeergewächse	75	Pedaliumgewächse
27	Knöterichgewächse	79	Kürbisgewächse
28	Gänsefußgewächse	80	Korbblütler
34	Lorbeergewächse	81	Fuchsschwanzgewächse
36	Kreuzblütler	107	Dorsche
39	Steinbrechgewächse	117	Makrelen
40	Rosengewächse	124	Lachsartige
41	Schmetterlingsblütler	134	Entenvögel
45	Rautengewächse	137	Hühnervögel
47	Wolfsmilchgewächse	142	Schweine
48	Sumachgewächse	143	Wild
52	Rebengewächse	145	Rinder
55	Sterculiagewächse	146	Schafe
65	Doldengewächse	147	Ziegen

gegeben werden, sich von den Wirkungen dieses Lebensmittels zu »erholen«, bevor es erneut gegessen wird.

Nahrungsmittel, die durch die Testergebnisse als unverträglich beurteilt werden, müssen über einen längeren Zeitraum gemieden werden.

Bei der Zusammenstellung des Rotationsplans wird außerdem auch auf die Familienzugehörigkeit der Nahrungsmittel geachtet. Denn bei Menschen, die ein Nahrungsmittel nicht vertragen, kann die Empfindlichkeit auch auf ein Lebensmittel der gleichen Lebensmittelfamilie übertragen werden.

Weizen gehört beispielsweise zur Familie der Gräser. Wer Weizen nicht verträgt, kann die Unverträglichkeit leicht auf andere »Familienmitglieder« wie Dinkel, Hafer, Gerste, Reis und Hirse übertragen. Sie müssen daher in der Rotation ebenso berücksichtigt werden wie die daraus hergestellten Lebensmittel, beispielsweise Malzzucker, Getreidekaffee, Maiskeim- und Weizenkeimöl oder Malzbier.

Nahrungsmittel aus der gleichen Familie sollten daher nur in zweitägigem Rhythmus gegessen werden.

Beim Rotations-Wochenplan sind pro Tag alle Lebensmittel aufgeführt, die gegessen werden dürfen. Jede Spalte enthält verschiedene Kohlenhydratlieferanten (zum Beispiel Getreide, Hülsenfrüchte, Kartoffeln), Eiweißträger (zum Beispiel Fleisch, Fisch, Milch), Fette und Öle sowie Obst und Gemüsearten. Auch Gewürze und Getränke werden im Plan aufgeführt. Die Auswahl der Speisen wird dann für jeden Tag innerhalb einer Spalte getroffen. Die Zahlen vor jedem einzelnen Lebensmittel geben einen Hinweis auf die Nahrungsfamilie.

Mit der Rotation kann langsam begonnen werden, das heißt zunächst werden beispielsweise nur alle Gemüsesorten im 4-Tages-Rhythmus abgewechselt, dann werden nach und nach alle Lebensmittelgruppen in das Rotationssystem aufgenommen. Dies ermöglicht einen schonenderen Einstieg.

Der Plan ermöglicht es nach einer bestimmten Zeit, spezifische Reaktionen auf einzelne Lebensmittel festzustellen. »Diätfehler« machen sich dann ziemlich schnell bemerkbar und können wieder gezielt vermieden werden.

Durch die Behandlung ist es häufig möglich, daß nach einigen Monaten die unverträglichen Lebensmittel wieder in normalen Mengen gegessen werden können. Je stärker die Reaktion auf das Lebensmittel war, um so länger dauert es auch, bis das Lebensmittel wieder toleriert wird. Bei extremer Empfindlichkeit kann es aber auch sein, daß die Nahrungsmittel ganz vom Speiseplan gestrichen werden müssen.

Bei Allergien, die zu lebensbedrohlichen Symptomen führen können (zum Beispiel Atemnot durch Erdnußallergie) ist äußerste Vorsicht geboten, sie im Rahmen eines Rotationsplanes zu Hause zu behandeln, wäre zu gefährlich.

Anders essen, ohne Frust
Für Menschen, die es gewohnt sind, alles nach Belieben zu essen und Beschränkungen allenfalls durch den Geldbeutel hinzunehmen, erscheint diese Form der Ernährung zunächst schlicht undurchführbar. Bei genauerer Betrachtung bleiben aber eine Fülle von Lebensmitteln übrig. Zum Teil kann der Speiseplan sich sogar noch abwechslungsreicher als früher gestalten, wenn Neues ohnehin ausprobiert werden muß. Grundsätzliche Verbote einzelner Lebensmittel gibt es nicht. Ausschlaggebend ist allein die individuelle Unverträglichkeit.

Bei der Umsetzung in die Praxis hilft die Ernährungsberaterin des Instituts für Umweltkrankheiten mit Tips und Rezepten. Da der Rotationsplan aber immer individuell anders aussieht, ist noch einiges an Eigeninitiative bei den betroffenen Familien nötig.

Der Rotationsplan macht es darüber hinaus notwendig, die bisherige Ernährungsweise grundsätzlich zu überdenken. Neben dem Diätplan helfen noch ein paar Grundregeln dabei, die Ernährung erfolgreich umzustellen:

- Nahrungsmittel, die aus vielen verschiedenen Einzelzutaten hergestellt werden, sollten gemieden werden. Das gilt insbesondere für die vielen Fertigprodukte, die in immer größerer Zahl angeboten werden. Zum einen sind sie in einem Rotationsplan kaum einzufügen, zum anderen ist die Zusammensetzung oft nur schwer zu durchschauen.
- Fertigprodukte enthalten häufig verschiedene Zusatzstoffe, die das Produkt länger haltbar, bunter und geschmacksintensiver machen, die den Körper aber unnötig belasten. Empfindliche Menschen reagieren oft auf verschiedene Zusatzstoffe wie Farb- und Konservierungsstoffe, Geschmacksverstärker oder naturidentische Aromastoffe überempfindlich. Auch aus diesem

Grund sollte auf möglichst wenig verarbeitete Lebensmittel zurückgegriffen werden.
- Lebensmittel aus kontrolliert biologischem Anbau sollten bevorzugt werden, um eine zusätzliche Belastung des Körpers durch Rückstände zu vermeiden.
- Der Speiseplan sollte insgesamt ausgewogen, vollwertig und abwechslungsreich sein, damit der Körper mit allen wichtigen Nährstoffen versorgt wird.

Vitaminpräparate zur Nahrungsergänzung
Falls bei den Untersuchungen ein Vitamin- oder Mineralstoffmangel festgestellt wurde, der durch die Ernährungsumstellung allein nicht zu beheben ist, kann die Gabe von Vitamin-und Mineralstoffpräparaten verordnet werden. Handelsübliche Präparate enthalten häufig Hilfs-, Zusatz-, Farb- oder Konservierungsstoffe und sind daher für Allergiker ungeeignet. Vom Institut wurden daher in Zusammenarbeit mit einem Apotheker spezielle Rezepturen entwickelt, die gezielt eingesetzt werden.

Körper und Geist stärken

Nicht jeder entwickelt eine Allergie oder chronische Erkrankungen. Ob und wie sich die Belastungen aus der Umwelt auswirken, hängt nach Meinung der Umweltmediziner sehr stark von der individuellen Ausgangssituation ab. Dabei ist entscheidend, wie leistungsfähig das Immunsystem ist, wie gut der Körper mit allen notwendigen Nährstoffen versorgt ist oder welche genetische Ausgangssituation er mitbringt. Psychosoziale Streßfaktoren begünstigen die Entstehung von Krankheiten zusätzlich.

Je schlechter der allgemeine Gesundheitszustand ist, desto stärker können Allergien oder Unverträglichkeiten zum Ausbruch kommen. Sind einzelne Organe bereits vorgeschädigt, können Allergene leichter eintreten. Durch geschädigte Schleimhäute können beispielsweise natürliche Allergene wie Pollen oder Tierhaare leichter eindringen, Asthma kann leichter entstehen.

Wie stark sich das Allergen auswirkt, ist auch von der aktuellen Gesamtbelastung abhängig. Beispielsweise kann eine normalerweise vom Körper noch tolerierte Menge eines Allergens, zum Beispiel Hausstaubmilben, zu Reaktionen führen, wenn zusätzliche Belastungen, zum Beispiel durch Zigarettenrauch, hinzukommen.

Durch die Fülle der zu berücksichtigenden Faktoren ergibt sich für die Klinische Ökologie eine fächerübergreifende Arbeitsweise. Neben den verschiedenen diagnostischen Methoden zur Aufdeckung der Allergien werden in Zusammenarbeit mit anderen Fachleuten beispielsweise auch baubiologische Beratungen und physikalische Untersuchungen des Wohnraums durchgeführt.

Psychotherapeutische Beratungen und Behandlungen können in das Therapieprogramm ebenfalls mit einbezogen werden. Entspannungsmethoden wie zum Beispiel Autogenes Training gehören außerdem zur Klinisch-ökologischen Behandlung.

Der große Unterschied zur klassischen Schulmedizin besteht insgesamt darin, daß weniger die einzelnen Symptome im Vordergrund stehen, sondern der Mensch als Ganzes betrachtet wird. Durch die Behandlung sollen die Betroffenen ihre Krankheit verstehen lernen und erkennen, daß sie selbst ihren Gesundheitszustand ganz entscheidend beeinflussen können.

Weitere Informationen über die Klinische Ökologie und ihre Behandlungsmethoden sind zu erhalten beim

Institut für Umweltkrankheiten
Im Kurpark 1
34308 Bad Emstal

Tel. 05624 / 8061
Fax 05624 / 86 95

im Internet:
http://www.ifu.org

Weiterführende Literatur

Prof. Dr. Doris Rapp: **Ist das Ihr Kind?** – Versteckte Allergien bei Kindern und Erwachsenen aufdecken und behandeln. Medi Verlag.

Dr. Anne Calatin: **Kursbuch Eltern: Das hyperaktive Kind.** Heyne-Verlag.

Klaus-Dietrich Runow: **Klinische Ökologie.** Hippokrates Verlag.

Theron G. Randolph, Ralph W. Moss: **Allergien: Folgen von Umwelt und Ernährung.** Reihe Alternative Konzepte Stiftung Ökologie & Landbau. C. F. Müller Verlag.

Dr. med Silvia Franz: **Das hyperaktive Kind.** Elternratgeber. Falken Verlag.

Thom Hartmann: **Eine andere Art, die Welt zu sehen.** Das Aufmerksamkeits-Defizit-Syndrom. Schmidt-Römhild-Verlag.

Institut für Umweltkrankheiten: **Rezepte zum Rotationsplan.** Zusammengestellt von Marion Schedler. IFU, Bad Emstal.

Institut für Umweltkrankheiten: **Nahrungsmittelallergien – Diagnostik und Therapie.** Hrsg.: K.-D. Runow, K. Böcher, M. Blessmann. IFU, Bad Emstal.

Akzente. Zeitschrift vom Arbeitskreis Überaktives Kind e. V., Dieterichstraße 9, 30159 Hannover.

Hilfe bei Neurodermitis

Neurodermitis gilt heutzutage als Volkskrankheit; über drei Millionen Menschen sind in Deutschland betroffen und die Tendenz ist steigend. Besonders oft kommt die Allergie bei Säuglingen und Kindern vor. Die Ursachen sind vielfältig, häufig gilt eine Nahrungsmittel-Allergie als Auslöser. Daher können die Symptome durch eine Umstellung der Ernährung gelindert werden oder sogar ganz verschwinden.
Eltern, deren Kinder an Neurodermitis leiden, sind mit einer Ernährungsumstellung überfordert. Viele Nahrungsmittel müssen gemieden werden, das Essen soll aber dennoch abwechslungsreich und gesund sein und natürlich auch schmecken.
Daneben ergeben sich im Alltag noch viele andere Probleme: Was kann man in den Kindergarten oder in die Schule mitgeben, womit die Schultüte füllen, was ist in den Ferien zu beachten ...?
Als Mutter einer siebenjährigen Tochter, die an Neurodermitis leidet, hat die Autorin viele Ratschläge und Hilfestellungen für das alltägliche Leben aufgeschrieben und viele Rezepte für die allergenarme Ernährung gesammelt, die für Neurodermitiker, aber auch für deren ganze Familie geeignet sind.

Gerhild Mann
Neurodermitis – was koche ich für mein Kind?
Ein Alltagsratgeber
ISBN: 3-89566-138-4
Gedruckt auf 100 % Recyclingpapier

Eifrei backen / Kochen ohne tierisches Eiweiß

Petra und Joachim Skibbe:
**Backen nach Ayurveda –
Kuchen, Torten & Gebäck**
ISBN: 3-89566-126-0

Petra und Joachim Skibbe:
**Backen nach Ayurveda – Brot,
Brötchen & Pikantes**
ISBN: 3-89566-127-9

Alexander Nabben:
**Kochen und backen mit Tofu
– Vegetarische Rezepte ohne
tierisches Eiweiß**
ISBN: 3-89566-123-6

Suzanne Barkawitz:
**Vegan genießen – Vollwertige
Rezepte aus nah und fern**
ISBN: 3-89566-137-6

Köstliches aus der Körnerküche

Wolfgang Hertling:
Kochen mit Hirse
ISBN: 3-89566-130-9

Ute Rabe:
Dinkel und Grünkern
ISBN: 3-89566-129-5

Rolf Goetz:
Das Buch vom Reis
ISBN: 3-89566-141-4

Ute Rabe:
Kochen und Backen mit Hafer
ISBN: 3-923176-81-3

Ökologisch, vollwertig, gesund

Ute Rabe:
**Dampfgaren – vitamin-
schonend und köstlich**
ISBN: 3-89566-132-5

Irmela Erckenbrecht:
**Querbeet – Vegetarisch
kochen rund ums Gartenjahr**
ISBN: 3-89566-114-7

Irmela Erckenbrecht:
Zucchini
Mit Cartoons von Renate Alf
ISBN: 3-89566-131-7

Jutta Grimm:
Vegetarisch grillen
Mit Cartoons von Renate Alf
ISBN: 3-89566-140-6

Gesamtverzeichnis bei: pala-verlag, Rheinstraße 37, 64283 Darmstadt